강신주 지음

들어가는 말

매달 마지막 주 금요일은 대학로에 있는 '벙커1'에 가는 날입니다. 〈강신주의 다상담〉(이하 〈다상담〉)이 열리는 날이니까요. '벙커1'은 세상과 싸우느라 지친 병사들이 잠시 숨을 고르고 다음 전투를 준비하는 곳입니다. 〈다상담〉이 열리면 '벙커1'에는 발 디딜 틈이 없을 정도로 많은 사람들이 찾아옵니다. 그래서 지하로 내려가는 입구와 계단이 헬게이트Hell Gate라고 불릴 정도로 복잡하기만 합니다. 찾아오신 분들 가운데에는 상담에 직접 참여하신 분도 있고, 관객으로 오신 분도 있고, 아니면 호기심에 들어와 계신 분도 있습니다. 복잡한 인파를 뚫고 대기실로 들어갈 때, 저는 너무나 심한 압박감을 받습니다. 300명이 넘는 분들의 마음, 저마다 기구한 사연의 상처들이 제 등 뒤를 무겁게 누르는 느낌입니다. 제가 치유의 전망을 주기는커녕 상처를 도지게 할 수 있다는 불안감도 제 압박감에 한몫 단단히 합니다.

그러나 뭐 어쩌겠습니까. 저녁 7시 30분이 되면 어김없이 강단에 올라서 영혼의 상처에 직면해야 하는걸요. 무슨 악업이 있어서 이런 가슴 아리는 사연들, 어떤 때는 저마저도 갑갑함에 숨이 '턱' 막히게 하는 사연들을 감당하게 되었을까요. 그렇지만 최선을 다하자고 매번 각오를 다집니다. '그래! 탈진할 정도로 한 사람 한 사람의 비릿한 고통을 껴안아 보자. 내가 힘들면 그만큼 타인은 편해질 테니.' 그렇지만 너무나 아픈 일입니다. 타인의 내밀한 상처와 서러운 고통에 직면한다

강신주의 다상담 1
사랑·몸·고독 편

초판 1쇄 펴낸날	2013년 8월 5일
초판 18쇄 펴낸날	2024년 10월 10일

지은이 강신주	편집 이정신 이지원 김혜윤 홍주은
펴낸이 이건복	디자인 김태호
펴낸곳 도서출판 동녘	마케팅 임세현
	관리 서수희 이주원

만든 사람들
편집 이정신 조유나   디자인 조하늘 고영선   표지 레터링 김기조   일러스트 이에스더

인쇄·제본 영신사   라미네이팅 북웨어   종이 한서지업사

등록 제311-1980-01호 1980년 3월 25일
주소 (10881) 경기도 파주시 회동길 77-26
전화 영업 031-955-3000 편집 031-955-3005 팩스 031-955-3009
홈페이지 www.dongnyok.com 전자우편 editor@dongnyok.com
페이스북·인스타그램 @dongnyokpub

ⓒ강신주, 2013
ISBN 978-89-7297-692-9 (04100)
    978-89-7297-694-3 (04100) (세트)

- 잘못 만들어진 책은 구입처에서 바꿔 드립니다.
- 책값은 뒤표지에 쓰여 있습니다.
- 이 도서의 국립중앙도서관 출판시도서목록(CIP)은 서지정보유통지원시스템 홈페이지
  (http://seoji.nl.go.kr)와 국가자료공동목록시스템(http://www.nl.go.kr/kolisnet)에서 이용하실 수
  있습니다.(CIP제어번호: CIP2014014095)

는 것은. 자정이 넘어 상담이 끝나 '벙커1'을 허허롭게 떠날 때는 너무나 외롭기만 합니다. 오늘 만난 분들이 자신이 지금까지 지고 왔던 아픔과 상처를 제게 고스란히 얹고 떠났기 때문입니다. 너덜너덜해진 몸과 마음을 추스르며 바랍니다. 제가 그 아픔과 상처를 온전히 받았으니, 오늘 오신 분들은 간만에 편하게 잠을 청했으면 좋겠다고요.

혹여 이 책을 통해 절망에서 희망을 보신 분들이 있다면, 제게 절대로 고마워하지는 마세요. 사실 여러분을 통해 저는 제 존재 이유를 발견했으니까요. 고마워해야 할 사람은 그래서 바로 저라고 할 수 있습니다. 여러분이 저를 진짜 철학자로 만들어 주었으니까요. 철학 책이나 읽고 세상과 삶을 다 알았다고 떠벌리는 가짜 철학자가 아니라, 사람을 사랑하는 진짜 철학자 말입니다. 여러분 때문에 철학, 즉 필로소피Philosophy라는 학문이 앎Sophos을 사랑하는Philo 것이 아니라, 무엇인가를 사랑해야 그것에 대해 아는 학문이라는 것을 배웠습니다. 사람을 사랑해야 사람을 알게 되지, 그 역이 아니라는 것을 배운 겁니다. 그러니 지금까지 여러분이 제게 감사하다고 인사했다면, 오늘만큼은 제가 여러분에게 깊게 묵례를 드리고 싶네요. 고맙습니다. 그리고 감사합니다.

2013년 7월 장맛비가 추적추적 내리는 날 새벽 광화문에서 **강신주**

일러두기

1. 저자가 자주 쓰는 비표준어와 비속어는 현장감을 살리기 위해 한글맞춤법에 따라 바로잡지 않았습니다. (예: 통치다, 지랄을 해요 등)
2. 이 책에 인용한 시는 한국문예학술저작권협회와 출판권을 가진 출판사, 시인 본인을 통해 저작권 동의를 얻어 수록했습니다. 출간 당시 저작권자 확인이 안 되어 허가를 받지 못한 작품은 추후 확인이 되는 대로 해당 저작권자의 동의를 얻겠습니다.
3. 본문에 실린 천외자 시인의 〈너를 팔아 사과나무를 산다〉라는 시는 발표 당시 '천혜은'이라는 필명으로 발표되었습니다.
4. 본문에 실린 김수영의 시는 《김수영 전집1》(민음사, 2판, 2003)을 기준으로, 이상의 시는 《이상 전집1》(뿔, 2009)을 기준으로 인용했습니다.
5. 본문에 실린 사진의 저작권은 강수희(23, 94쪽), 스티브(169쪽), 이동호(24, 93, 170쪽)에게 있습니다.
6. 본문 장 제목 등에 쓰인 서체는 캐논 EOS M체로, 사용 허락을 받았습니다.

차례

들어가는 말 **4**
프롤로그 | **다상담의 진화에 관하여** **10**

사랑

강의
- 잔인한 만큼 사랑한다 **26**
- 사랑은 둘의 경험이다 **33**
- 이타심은 이기심이다 **39**

상담
- 상처받을까 두려워 시작하지 못하는 당신 **45**
- 그 사람 앞에 서면, 작아지고 마는 당신 **49**
- 사랑의 징조 **54**
- 괜찮은 사람은 다 애인이 있다? **55**
- 당신의 과거를 참을 수 없는 애인 **59**
- 이별한 연인의 연락을 거절하지 못한다면 **63**
- 결혼을 위해 필요한 것들 **67**
- 15년 연애 후에 찾아온 것들과 조우하는 법 **70**
- 섹스 후에 남는 것들 **74**

추신
- 사랑, 목숨을 건 타자에로의 비약
- 사랑의 역설: 알지 못하는 누군가에게 자신을 건네다 **83**
- 사랑과 자유의 상관관계 **87**
- 불행과 상처의 가능성을 감당하는 용기 **89**

차례

강의
- 몸과 마음은 함께 간다 96
- 세계와 관계하는 특이한 물질 100
- 정신은 보수적이고 몸은 래디컬하다 102
- 세계에 던져진 악기 하나 104
- 악기는 기억을 한다 106
- 악기는 만져 주지 않으면 리셋이 된다 110
- 금지된 것을 욕망한다 113

상담
- 외모 콤플렉스, 남을 신경 쓰지 않는 성숙함이 필요하다 116
- 사랑이 우리를 구원하리라 120
- 성기에만 집중하는 건 비극과 다름 없다 124
- 주어진 몸을 긍정하는 법 126
- 내 몸에 딱 맞는 정신을 남기는 방법 129
- 양반, 상놈의 몸이 따로 있다고? 133
- 연주되고 있지 않은 악기 135
- 꽉 잡아 봐야 안다 138
- 비교를 한다는 건, 건강하다는 증거다 143
- 섹스는 관계의 시작이다 148

추신
- 사랑한다는 것, 몸을 만지고 싶다는 것
- 만남, 보고 듣는 것 이상의 만짐 160
- '지금 그리고 여기'의 느낌 163
- 촉각, 다른 존재를 일깨우는 가장 심층적인 감각 166

고독

강의
- 고독, 어른의 증거 172
- 몰입과 고독의 상관관계 174
- 세계와의 관계가 붕괴되면, 고독이 찾아온다 177
- 전략으로서의 고독 180
- 몰입이 어려운 이유: 몰입을 방해하는 시대 183
- 몰입의 방법들 187
- 고독과의 싸움, 세상에의 몰입 191

상담
- 예쁜 사람 콤플렉스에서 벗어나기 196
- 나를 사랑하겠다는 비겁한 결심 200
- 가출하세요 208
- 나이는 필요 없다 213
- 몰입은 원래 피곤하다 218
- 나는 누구? 여긴 어디? 221
- 왜 그딴 거에 몰입하냐고? 227
- 몰입과 집착의 차이 229
- 몰입과 쾌락의 상관관계 230
- '왜 사나?'라는 질문이 들 때 236

추신
- 거울을 깨자, 그러면 고독에서 벗어나리라!
- 내가 나임을 확인하는 방법 243
- 거울을 통해 만들어지는 나 245
- 거울로 나를 볼 것인가, 타자를 통해 나를 볼 것인가 249

에필로그 | 사랑, 손이 데어도 꽉 잡아야만 하는 것 251

프롤로그

다상담의 진화에 관하여

행복하다는 것은 놀라지 않고
자기 자신을 들여다보는 것이다.

— 발터 벤야민 Walter Benjamin, 《일방통행로》

1.

벌써 2년 전 일이네요. 2011년 MBC 라디오에서 연락이 왔습니다. 일종의 상담 프로그램을 진행하고 있는데 철학자의 상담 코너가 있으면 좋을 것 같다는 겁니다. 저를 섭외하려고 전화를 한 것입니다. 심리학자로는 황상민 교수, 정신과 의사로는 김현철 선생이 별개의 코너를 맡고 있다는 말도 덧붙이더군요. 청취자들이 절절한 고민을 보내면, 김빛나 PD와 김신욱 작가가 그것을 취합합니다. 그래서 사회심리적인 문제는 황상민 교수에게, 그 외 정신과적 문제는 김현철 선생에게 맡긴다는 겁니다. 그런데 심리학자나 정신과 의사에게 맡길 수 없는 애매한 고민들이 많았나 봅니다. 한마디로 분류도 쉽지 않은 묘한 고민들의 상담을 맡을 사람이 필요했던 겁니다. 그래서 철학자인 저를 섭외한 것이지요. 그 프로그램이 바로 지금은 전설이 되어 버린 〈김어준의 색다른 상담소〉(이하 〈색담〉)였습니다. 팬들은 나중에 '색담'이라고 줄여 부르더군요.

　당시 강연 등으로 매너리즘에 빠져 있던 저는 기분 전환 겸 출연을 허락했습니다. 당시만 해도 김어준이란 사람을 잘 몰랐습니다. 〈딴지일보〉 총수라는 것도 방송국에 가서야 알았으니까요. 방송국에 처음 갔을 때, 저는 MBC에서 가장 뛰어난 미모를 자랑하던 김빛나 PD, 개구쟁이이자 재간둥이였던 김신욱 작가, 그리고 산적과도 같은 수염이 인상적이었던 김어준을 직접 보게 되었습니다. 이전에 라디오 프로그램에 몇 번 출연했던 적은 있지만, 이 세 사람은 정말 특이했습니다. 무언가 어수선하고 조금은 조증 환자들처럼 보였으니까요. 진행자, PD, 작가가 모두 자기 이야기만 하려고 하는데, 묘하게 그것이 조화되더군요. 〈색담〉에서 저는 금요일마다 진행되었던 '다상담'이라는 코너를 맡게 되었습니다. 그러니까 이것저것 가리지 않고 모조리 다 상담한다는 취지의 코너였습니다.

　당시 MBC는 김재철이란 사장 때문에 언론의 자유가 심하게 훼손되고 있었습니다. 그래서였는지 웬만하면 방송 당일 생방송을 하거나 당일 낮에 와서 녹음을 할 수밖에 없었습니다. 언제 이 프로그램이 폐지될지 모르니까요. 애써 녹음을 해

놔도 갑자기 프로그램이 폐지되면 뻘쭘한 일이니, 몇 회를 미리 녹음하는 일은 언감생심이었지요. 〈색담〉을 제작하던 김빛나 PD는 자신이 맡고 있던 프로그램, 그러니까 개그우먼 김미화가 진행하던 시사 프로그램의 폐지를 몸소 겪었기에, 더 신중하고 조심스러울 수밖에 없었을 겁니다. 들리는 이야기로는 김재철 사장이 김미화를 하차시킨 자신의 조치를 무마하기 위해 김어준을 진행자로 하는 프로그램을 허락했다고 합니다. 멍청한 사장은 김어준이 김미화보다 더 반골이라는 것, 그리고 더 직설적이라는 것을 몰랐던 겁니다. 물론 때늦게 알았다고 해도 만든 지 얼마 되지 않은 프로그램을 내릴 수도 없었을 겁니다. 사장이 너무 권력의 눈치를 본다는 인상을 풍길 수 있으니까요.

 녹음을 하거나 생방송에 들어가기 전 진행자, PD, 작가와 함께 뙤약볕이 내리쬐던 흡연 공간에서 〈색담〉이 어떻게 될지 이야기를 나누는 것은 하나의 관례가 되었습니다. 당시 김어준은 팟캐스트 〈나는 꼼수다〉(이하 〈나꼼수〉)를 시작한 지 얼마 되지 않았던 때입니다. 아직도 제 스마트폰을 뺏어서 〈나꼼수〉를 깔아 주려고 했던 김어준의 모습이 생생하기만 합니다. 얼마 지나지 않아 〈나꼼수〉와 〈색담〉은 팟캐스트의 인기 순위에서 압도적인 1, 2위를 달렸던 것으로 기억납니다. 당시 대통령 이명박의 정치를 모두 '꼼수'라는 프레임에 가두어 비판한 김어준의 〈나꼼수〉는 신자유주의 정권에 환멸을 느끼던 수많은 국민들에게 청량제와 같은 역할을 했던 것 같습니다. 김어준, 김용민, 주진우, 정봉주, 이 네 사람은 당시에는 정말 최고의 스타로 떠올랐지요. 그렇지만 〈나꼼수〉가 하나의 신드롬이 되면서, 김어준은 보수 정권의 표적이 됩니다. 당연히 김어준이 진행하던 〈색담〉에도 암울한 그림자가 드리웁니다.

예측했던 대로 압도적인 청취율을 자랑하던 〈색담〉은 6개월 만에 MBC 라디오에서 추방되고 맙니다. 이렇게 해서 김어준, 김빛나, 김신욱과의 만남은 일차적으로 마무리됩니다. 2012년 김어준은 〈나꼼수〉를 통해 라디오 프로그램을 진행하던 때보다 더 치열하게 이명박 정권과 싸우게 되었고, 김빛나 PD와 김신욱 작가는 MBC 파업 투쟁으로 분주해졌습니다. 그리고 저는 저대로 〈경향신문〉에 격주로 연재하던 칼럼 '비상경보기'를 집필하는 등 필자나 강연자로 바쁜 날을 보냈습니다. 드문드문 연락을 주고받기는 했지만, 이제 서로 자기 갈 길을 가는 듯이 보였습니다. 돌아보면 〈색담〉을 방송할 때 너무나 유쾌하고 즐거웠습니다. 당시 아버님이 불의의 사고로 세상을 떠나셨을 때도 이 식구들은 제게 커다란 위로가 되었습니다. 아직도 문상을 왔던 김어준의 장난이 떠오릅니다. 김어준은 저의 어머니에게 그러더군요. "안녕하세요, 어머님. 저 지상렬입니다. 하하." 정말로 그가 개그맨 지상렬인 줄 알고 깜짝 놀라 김어준을 보던 우리 어머니의 얼굴이 아직도 떠오르네요. 당시 아버님의 갑작스러운 죽음으로 경황이 없던 우리 가족들이 얼마나 웃었던지.

2.

2011년 〈색담〉이라는 프로그램은 정말 수많은 청취자의 아낌없는 사랑을 받았습니다. '다상담'을 함께 진행하면서, 김어준은 제게 소중한 별명 하나를 붙여 주었습니다. '무려 철학 박사'가 바로 그것입니다. 아마도 김어준은 제가 철학 박사라는 것이 믿기지 않았나 봅니다. 반바지에 슬리퍼를 신고, 간혹 선글라스를 끼고 들어오는 저를 보고서 보통 철학자라고 하면 연상되는 이미지를 찾기는 어려웠을 테니까요. 더군다나 저는 에둘러 말하는 법이 없었으니까요. 한마디로 무식해 보일 정도로 단도직입적으로 제 의견을 이야기했습니다. 그것은 모두 인문학이나 철학을 강연할 때 익혔던 저만의 노하우였습니다. 강연이 임팩트가 있으려면 강연 요지가 명료해야만 합니다. 다양한 학설들을 이것저것 나열하다가는 청중들은 얼마 지나지 않아 강연에 싫증을 내기 마련이니까요.

대중 강연에 익숙하지 않은 철학자들은 보통 이렇게 말합니다. "A라는 의견도 있고요, B라는 의견도 있습니다. 그리고

C라는 의견도 있고요. 모두 장단점이 있지만, 저는 조심스럽게 C라는 입장을 가지고 있습니다." 그렇지만 저는 강연할 때 이렇게 이야기하지 않습니다. 만일 제가 C라는 입장을 가지고 있다면, 다른 의견인 A와 B는 언급도 하지 않습니다. 그냥 이렇게 이야기하지요. "저는 철학자입니다. 옳은 것을 옳다고 말하는 철학자입니다. 그러니 제 말을 믿으세요. C가 옳습니다. 나머지 A와 B는 일고의 가치도 없이 잘못된 것입니다." 독선적으로 보일 만큼 단호한 제 어투 때문에 오해도 많이 샀지만, 그래도 가장 효과적인 강연 방법이었습니다. 〈색담〉의 '다상담'을 할 때도 마찬가지였습니다. 간혹 김빛나 PD가 저를 타박하던 것도 그 때문이었습니다. 뭔가 철학 박사답게 유식하고 진중해 보이는 것이 좋지 않겠느냐고, 간혹 철학자들의 이름과 그들의 말을 인용하는 것이 좋지 않겠느냐고 말입니다. 그래도 "무려 철학 박사가 아니십니까?"라고요. 김어준이 이걸 놓칠 리가 없지요. 그때부터 제가 '무려 철학 박사'로 불리게 된 것입니다.

〈색담〉은 제게 많은 도움을 주었습니다. 과거보다 더 많은 분들이 저를 알아봐 주셨고, 그만큼 제가 쓴 책이나 칼럼에도 더 커다란 관심을 가져 주셨기 때문입니다. 철학이나 인문학에 관심이 많지 않았던 사람들도 '무려 철학 박사 강신주'를 알게 되었으니까요. 개인적으로 제 자신이 유명해진 것보다 저는 저를 통해 사람들이 철학과 인문학에 조금이나마 관심을 가지게 된 것이 너무나 뿌듯했습니다. 그렇습니다. 방송의 힘은 정말 큽니다. 그렇게 많은 책을 쓰고 강연을 다니면서, 저는 인문학과 철학의 중요성을 누구이 강조해 왔습니다. 그렇지만 생각만큼 호응이 많지 않아서 저의 고민은 깊어만 가던 중이었습니다. 그런데 〈색담〉이라는 프로그램과 거기서 진행했던 '다상담'은 이런 저의 고민을 가볍게 털어 주었던 겁니다. 고마운 일입니다. 사람이 동물과 다른 것은 사람은 원한과 은혜를 갚을 수 있다는 데 있는 것 아닐까요? 언젠가 〈색담〉 식구들에게 도울 일이 있으면 기꺼이 돕겠다는 다짐을 한 것도 그때였습니다.

2012년 김어준은 '벙커1'이라는 아지트를 대학로에 마련합니다. 국회의원 선거와 대통령 선거 때까지 〈나꼼수〉는 강한 정치적 영향력을 행사할 수 있었습니다. 여러분도 알다시피 물론 여러 우여곡절도 많았습니다. 보수 세력의 역풍도 거셌고, 다양한 정치적인 소송에도 휘말렸습니다. 그렇지만 진정한 위기는 보수 세력이 국회의원 선거와 대통령 선거에서 모조리 승리하면서 찾아오게 되었습니다. 은혜를 갚는 것은 은혜를 먼저 베푼 사람이 곤궁할 때가 아니면 아무런 의미도 없는 겁니다. 이제 슬슬 김어준을 도울 때가 오고 있다는 불길한 예감이 들었습니다. 그때 '벙커1'의 실질적인 안방마님인 배상

명이란 아름다운 아가씨가 제게 전화를 걸었습니다. '벙커1'에서 〈색담〉의 '다상담'을 재개하는 것이 어떻겠냐는 겁니다. 경제 관념이 별로 없는 자유 영혼 김어준이 그래도 한 번은 '벙커1'의 재정을 고민했나 봅니다. 그 자체가 김어준과 '벙커1'의 위기를 반영하는 것이었지요. '벙커1'에서 〈강신주의 다상담〉(이하 〈다상담〉)을 시작하기로 약속했습니다.

마침내 '이 죽일 놈의 사랑!'이라는 주제로 첫 번째 〈다상담〉이 열렸습니다. 배상명 아가씨는 많은 분들의 고민들을 취합했습니다. 중복되는 고민도 많았고, 장난기가 가득한 진지하지 못한 고민도 있었습니다. 내담자 분들이 관객석 앞자리에 앉을 수 있다는 사실을 알고 고민을 날조하여 보내는 분들도 있었습니다. 어쨌든 배상명 아가씨는 수많은 고민 내용들을 취합하고 정리해서 제게 보내 주었습니다. 2012년 9월 22일, 저는 고민 내용이 빼곡히 적혀 있는 두툼한 A4 용지를 들고 처음으로 '벙커1'에 갔습니다. 한국방송통신대학교 뒤편 월간지 〈객석〉이 자리 잡고 있는 건물 지하가 바로 '벙커1'이 있는 곳입니다. '벙커1'이 있는 지하로 내려가면서 저는 깜짝 놀랐습니다. 너무나 많은 분들로 발 디딜 틈이 없었기 때문입니다. 〈색담〉이 끝난 지 오래 되었는데도 아직도 많은 분들이 '무려 철학 박사'를 기억하고 있었던 겁니다. 고맙고 다행스러운 일이지요. 크게 숨을 내쉬며 단상에 올라갔습니다. 열렬한 박수 소리를 배경으로 저는 '사랑'이라는 주제로 강연과 상담을 진행했습니다. '벙커1'에서의 〈다상담〉은 이렇게 시작된 겁니다.

3.

2013년 7월 8일 밤 11시에 저는 프롤로그를 쓰고 있습니다. 얼마 전 6월 28일에는 '가면'이라는 주제로 〈다상담〉을 무사히 마쳤습니다. 그리고 3주 뒤, 그러니까 7월 26일에 또 새로운 주제로 〈다상담〉을 열 예정입니다. 2012년 10월과 2013년 1월에는 하지 못했으니, 〈다상담〉은 지금까지 여덟 번 열렸습니다. 지금 여러분들은 팟캐스트로 쉽게 〈다상담〉의 열띤 분위기를 접하실 수 있을 겁니다. 더군다나 6월의 〈다상담〉부터는 동영상으로도 쉽게 접할 수 있다고 하니, 나름대로 '벙커1'의 〈다상담〉이 진화하고 발전하고 있는 것 같아 마음이 뿌듯합니다. 〈다상담〉에 직접 참여했거나 팟캐스트로 음성만 들었던 분들을 위해, 저는 지금까지 이루어졌던 그 절실했던 〈다상담〉을 책으로 묶으려고 합니다. 강연과 상담을 직접 듣는 것도 생생해서 좋지만, 무엇인가 진중하게 고민하는 데 도움이 되려면 책이라는 형태를 갖추는 것도 의미가 있다는 생각에서입니다.

지금까지 이루어졌던 〈다상담〉은 모두 동일한 절차와 형식으로 진행되었습니다. 우선 저에게 해당 테마와 관련된 각

양각색의 고민들이 메일로 전해집니다. 그것들을 저는 먼저 정독합니다. 그리고 해당 테마의 다양한 고민들을 해소할 수 있는 본질적인 내용을 하나 정합니다. 다양한 고민들을 하나하나 상담하기 전에, 저는 그 본질적인 내용에 대해 일종의 기조 강연에 들어갑니다. 이어서 그 절절한 고민들을 하나하나 읽어 가며 상담에 들어갑니다. 그렇지만 한 분 한 분 이루어지는 디테일한 상담에는 이미 해당 테마에 대한 저의 기조 강연 내용이 전제되어 있습니다. 그러니까 적게는 세 시간, 많게는 네 시간 이상 소요되었던 디테일한 상담은 제가 했던 기조 강연을 심화하거나 확장하는 방식으로 이루어진 셈입니다. 이렇게 이루어진 〈다상담〉은 지금 팟캐스트에 담겨 있습니다.

동녘 출판사의 부지런한 편집자들은 이렇게 이루어진 팟캐스트의 녹취록을 만들어 정리했습니다. 엄청난 고역이었을 겁니다. 해 본 사람은 알지만, 이게 완전히 욕 나오는 작업이니까요. 그렇지만 편집자들의 수고는 여기서 그치지 않았습니다. 현장에서나 팟캐스트로 들으면 의미가 있는 것도 글로 옮겨 놓으면 무의미하거나 불명료한 경우도 많았을 테니까요. 현장에서는 분명 다른 색깔을 띠는 내용이지만, 글로 옮겨 놓으면 반복되는 느낌이 드는 것도 많을 수밖에 없습니다. 혹은 강연과 상담의 흐름상 제 얼굴빛과 손짓으로도 충분히 전달되던 것이 글로 옮기면 오리무중인 경우도 많았을 겁니다. 그래서 일단 중복되는 느낌이 드는 것은 과감하게 생략하고, 동시에 현장에서는 명확했지만 글로서는 불명료한 부분을 체크한 원고를 편집자들은 제게 보내 주었습니다. 저는 이 원고를 토대로 작업을 시작했습니다. 사실 저의 작업은 현장의 생생함을 글의 명료함으로 바꾸는 것이었습니다. 어쨌든 강연과 상담의 논리와 책의 논리는 완전히 다른 것이기 때문입니다. 외국어를 우리말로 번역하는 것과 마찬가지라고 생각하시면 쉽게 이해가 되실 겁니다.

여덟 차례 이루어졌던 〈다상담〉 중 우선 여섯 가지 테마를 두 권으로 나누어 담아 보려고 했습니다. '사랑', '몸', 그리고 '고독'이란 테마를 하나로 묶어 첫 번째 권에 담았고, '일', '정치', 그리고 '쫄지 마'라는 테마를 또 묶어 두 번째 권에 담았습니다. 그러니까 첫 번째 권에는 아무에게나 말할 수 없지만 누구나 공감할 수 있는 가장 은밀하고 사적인 고민들이 담겨 있고, 두 번째 권에서는 국가, 가족, 직장 등 공적인 생활과 관련된 고민들, 즉 공적인 고민들이 다루어집니다. 사적인 책과 공적인 책으로 나누어 본 것이지요. 그렇지만 이것은 편의상의 구분일 뿐입니다. 두 권의 책을 모두 읽어 보시면 알겠지만, 우리의 내면과 외면, 우리의 마음과 행동은 생각보다 항상 밀접하게 연결될 수밖에 없으니까요. 그리고 각 테마는 총 세 부로 나뉘어 있습니다. 1부와 2부에는 〈다상담〉의 현장을 담았습니다. 1부에는 각 테마를 총괄하는 강의가 담겨 있고, 2부에는 구체적인 고민과 상담이 담겨 있습니다. 그리고 상담이 끝난 후, 좀 더 풍부하고 깊은 성찰을 도울 수 있는 이야기를 글로 정리해 3부로 보태 두었습니다. 당분간 〈다상담〉은 별다른 일이 없다면 '벙커1'에서 마지막 주 금요일 저녁 7시 30분에 계속 진행될 겁니다. 그리고 그 결과물들도 계속 책으로 엮을 생각입니다.

여러분이 지금 읽고 있는 글은 앞으로 계속될 《강신주의 다상담》 시리즈의 전체 프롤로그에 해당하는 겁니다. 어떻게 해서 '벙커1'에서 〈다상담〉이 열리게 되었는지, 그리고 어떤 방식으로 강연과 상담이 이루어졌는지, 마지막으로 어떤 식으로 책의 형식을 갖추게 되었는지를 밝히는 것이 순서일 테니까요. 세상일은 참 신기하기만 합니다. 제가 2011년 강연과 집필에 매너리즘을 느끼지 않았다면, 김어준을 라디오 프로그램의 진행자로 만나지 않았다면, 김재철이 〈색담〉을 폐지하지 않았다면, 국회의원 선거나 대통령 선거에서 진보 세력이 승리를 거두었다면 '벙커1'에서의 〈다상담〉은 불가능했을 것이고 지금 여러분이 읽고 있는 이 책도 존재하지 않았을 겁니다. 몇 겹으로 쌓인 모든 인연이 아찔하기까지 합니다. 이런 인연들로 저는 여러분의 살아 있는 고민에 더 근접하게 되었고, 그 결과 철학자로서 더 성숙하게 되었으니 말입니다. 그래서 어쩌면 여러분들에게도 이 시리즈가 또 하나의 멋진 인연이 될 수도 있다고 생각하니, 제 가슴은 다시 설레기만 합니다. 어쨌든 세상은, 그리고 미래는 모를 일입니다.

사랑

잔인한 만큼
사랑한다

제가 사랑을 주제로 강의를 하면 많은 분들이 되물어요. 선생님은 그렇게 하시냐고, 그렇게 살고 있냐고요. 다 제가 사랑을 제대로 못해서 얻은 성찰을 말씀드리는 겁니다. 행복한데 제가 왜 사랑을 고민하겠어요? 저 역시 오만 가지 실패를 했죠. 그러니까 제 이야기는 역경과 좌절에서 얻어 낸 쓰디쓴 성찰을 담고 있다고 할 수 있어요.

조르주 캉길렘Georges Canguilhem이라는 프랑스 철학자가 있습니다. 미셸 푸코Michel Foucault의 논문 지도 선생이기도 한데, 이 사람이 쓴 《정상적인 것과 병리적인 것》이라는 책이 있어요. 보통 의학은 정상적인 것과 병리적인 것을 구분합니다. 캉길렘은 정상적인 것과 병리적인 것, 한마디로 말해 정상과 비정상의 구분 자체를 숙고합니다. 책 자체는 복잡하지만 그 책을 통해 캉길렘이 말하고자 하는 것은 분명합니다. 정상을 정의하는 것은 비정상을 정의하지 않는다면 불가능하다는 것이죠. 사랑을 제대로 이해하기 위해 캉길렘의 통찰을 활용하는 것이 어떨까요? 그러니까 사랑이 무엇인지 정의하려고 골머리를 쓰기보다는, 사랑과는 반대된다는 감정을 곰곰이 생각해 보는 겁니다. 하긴 당연한 일 아닌가요? 낮을 이해하려면 차라리 밤을 숙고하는 것이 낫고, 남성을 이해하려면 여성을 성찰하는 것이 더 유익할 수도 있으니까요. 그래서 사랑을 이해하기 위해 거꾸로 미움에 대해서 한번 생각을 해 보자는 거예요. 누가 죽도록 미운 거예요. 죽도록 밉다는 건 어떠해야지 미워하는 건가요? 누구 미워해 보신 적 있어요?

사람이 남한테 잔인할 수 있는 만큼, 그 잔인한 정도만큼 다른 사람을 사랑할 수 있어요. 우유부단해서 사람과 헤어지지 못하는 분들 있죠? 헤어지려고 만났는데 상대방의 눈이 애완견 뽀삐의 눈처럼 똘망똘망하더니 '뭐 먹을까? 뭐 먹을까?' 이러면 어떻게 하실 거예요? 그럼 대개 다시 '일주일 뒤에 얘기해 볼까?' 이러다가 할아버지, 할머니가 되는 거예요.

잔인해 본 사람만이 누구를 사랑해요. 여기 오신 분들은 아마 누구에게 잔인했기보다는 잔인함을 당했던 사람들일 거예요. '항상 나는 왜 차일까?' 이런 고민을 하고 계신 분들일 거 같아요. 똘망똘망한 눈으로 레스토랑에 들어갔는데 스파게티를 반 정도 먹었을 때쯤, 상대방이 '너의 행복을 위해 나는 너를 떠나가야 할 것 같다'고 하면 여러분은 발광하죠. 그냥 헤어지면 되는데 '난 충분히 행복하다'는 둥의 얘기를 하죠. 이러면 상대가 나중에 뺨을 때릴 거라고요. '이 여자가 왜 이렇게 말귀를 못 알아들어?' 이런 식이죠. 이렇게 당하거든요. 그런데 중요한 건, 여러분들은 또 좋은 사람을 못 만나고, 여러분을 찬 그 사람은 좋은 사람을 만났을 거라는 거예요.

'인생은 부익부빈익빈'이라는 말, 이게 현실이거든요. 그렇기 때문에 부익부빈익빈을 고치려는 노력은 윤리적인 노력이에요. 여러분들은 착하고, 여리고, 항상 상처만 받았죠? 아마 죽을 때까지 계속 상처받을 거예요. 다 슬픈 영혼들이죠. 우리 가슴에 비수를 꽂았던 사람들은 지금 어딘가에서 행복하게 살고 있을 거예요. 우리는 까맣게 잊어버리고 너무나 행복하게 살고 있을걸요? 우리만 여기 옹기종기 모여 있는 거예요. (웃음) 어떻게 한번 해 보려고요. 언젠가 한 번은 우리도 잔인해져야 해요. 여러분들이 이걸 많이 고민해 봐야 됩니다.

그래서 먼저 미움에 대한 이야기를 김수영의 삶과 시 한 편으로 음미해 보고, 사랑에 대한 이야기로 들어가겠습니다. 김수영의 부인 김현경은 김수영 시인이 거제도 포로수용소에 들어가 있을 때 김수영의 선린상고 동기인 이종구의 집에 가서 살림을 차립니다. 남편이 죽었으면 문제가 없었을 텐데, 남편이 살아왔어요. 김수영은 포로수용소에서 나와 부인이 친구와 살림을 차렸다는 걸 알고는 고민하다 이종구의 집이 있는 부산으로 기차를 타고 내려가요. KTX도 없던 시절이니 굉장히 먼 길이죠. 그리고 부산에 내려가자마자 그 집에 쳐들어가요. 이종구랑 자기 부인 김현경이 살고 있던 그 살림집에 확 뛰어 들어가요. 당연히 뛰어 들어가야죠. 이종구는 깜짝 놀랐겠죠. "어, 수영아, 왔어?" 그럼요, 왔죠. 그리고 김수영이 이종구한테 말하겠죠. "넌 조용히 해." 자존심 상하거든요. 걔랑 얘기한다는 건 자존심 상하는 일이니까 부인한테 얘기를 해요. "올라가자, 현경아." 하지만 부인이 싫다고 해요. 김현경이 잘 선택한 거죠. 김수영을 따라서 서울에 올라가면 온갖 구박을 받지 않겠어요? 한 번 배를 갈아탔으면 끝까지 가는 거예요. 바람을 피웠으면 한 방향으로 가야 하는 거죠. 김현경이 김수영을 거절한 건 지혜로운 선택이었던 겁니다.

김수영은 김현경 없이 혼자 서울로 올라가면서 〈너를 잃고〉라는 시를 써요. 시의 일부를 보죠.

늬가 없어도 나는 산단다
억만 번 늬가 없어 설워한 끝에
억만 걸음 떨어져 있는
너는 억만 개의 모욕이다

이런 시를 쓰고 김현경을 잊으려고 하죠. 그런데 서울에 올라가니 주변 사람들이 김수영한테 왜 이렇게 소갈머리가 없냐고 욕을 하는 거예요. 한국전쟁 때는, 살기가 힘들었기 때문에 옆집 아저씨가 쌀 한 말을 갖다 주면 치마를 걷어 올려도 욕이 되질 않았던 시절이었어요. 먹고살 게 없잖아요. 전쟁은

끔찍한 경험이거든요. 이러니 사람들이 김수영을 욕했던 거죠. '네 부인만 그러냐?', '왜 이렇게 속이 좁아? 네가 연락도 안 되고 포로수용소에 처박혀 있으니 제수씨가 그것도 모르고 이종구한테 간 거지' 등등 하면서요. 비극적이지만 이후에 이종구가 김수영을 보고 충격을 받고 김현경을 내쳐요. 이제 이 여자는 갈 데가 없는 거예요. 그때가 1953년인데 여자가 어디로 가겠어요. 결국 김현경은 1953년에 서울에 올라가서 김수영과 다시 살아요. 이 둘은 애증의 관계죠. 김수영이 술 마시고 많이도 때렸어요. 제가 읽어 드릴 시는 1963년 10월에 김수영이 쓴 시예요. 10년 동안 김수영이 계속 김현경을 때리다가 마지막 때린 날 〈죄와 벌〉이라는 시를 씁니다. 단언컨대 김수영은 이 시를 쓰고 난 이후로 변해요. 이 시의 첫 구절이 중요해요. 여기에 모든 실마리가 있어요. 시를 보죠.

남에게 희생을 당할 만한
충분한 각오를 가진 사람만이
살인을 한다

그러니까 누구를 살인한다는 건 미워하는 거죠. 진짜 미워할 수 있나요? 진짜 미워하려면, 내가 죽어도 미워하는 거예요. 우린 정말로 누군가를 미워한 적도 없어요. 살인을 하려면,

뭘 감당해야 돼요? 경찰한테 잡혀서 감옥에 가거나 사형 당할 각오를 한 사람만이 살인을 한다고요. 진짜 미우니까요. 나 하나의 이익을 생각하면 누구를 미워하지 못해요. 이 시를 다시 보죠.

남에게 희생을 당할 만한
충분한 각오를 가진 사람만이
살인을 한다

그러나 우산대로
여편네를 때려눕혔을 때
우리들의 옆에서는
어린 놈이 울었고
비 오는 거리에는
40명가량의 취객들이
모여들었고
집에 돌아와서
제일 마음에 꺼리는 것이
아는 사람이
이 캄캄한 범행의 현장을
보았는가 하는 일이었다

―― 아니 그보다도 먼저
아까운 것이
지우산을 현장에 버리고 온 일이었다

― 김수영, 〈죄와 벌〉

　이날 김수영은 안 거예요. 김현경을 미워하지도 못 한다는 것을요. 우산이 아깝다고 생각하잖아요. 죽일 것 같으면 죽여 버리면 되죠. 나 없었을 때 외간 남자랑 눈이 맞은 여자니까 죽여 버리면 되잖아요. 그런데 김수영은 우산으로 때렸을 때도 누가 봤을까 봐 그게 두려워요. '타인의 시선'이 들어오죠? 더 아까운 건 뭐예요? 우산, 그 신상 우산을 두고 온 거예요. 부인은 여기 없죠. 그때 김수영은 안 거예요. '아, 제대로 때리지도 못 하는구나.' 살인도 못 해요, 김수영은. 이날 이후로 김현경과의 관계는 딱 그 정도가 되는 거예요. 그래서 구타는 없어져요. 이제 사랑은 의미 없는 것이 되고 아내와 남편으로 사는 거예요. 예를 들어 부부 동반 모임이 있으면 가서 놀아 주는 것처럼 사회적 의무를 수행하면서 쿨하게 지내게 되는 거예요.
　사랑으로 돌아옵시다. 타인과 관련된 감정 중에 가장 극단적인 감정이면서 가장 강도가 센 게 미움과 사랑이잖아요.

옛날에 미워했던 사람 있었어요? 어떻게 하셨어요? 쿨하게 잊었어요? 품어 줘요? 〈죄와 벌〉의 첫 구절은 이 이야기입니다. 미워했다고 생각했지만 사실은 미워한 게 아니에요. 제대로 미워하면 타인의 시선, 돈, 우산이 눈에 들어오면 안 돼요. 사랑도 미움과 똑같은 거예요. 사랑은 타인의 시선을 의식하지 않아요.

시의 첫 구절을 다시 음미해 보면 사랑도 그런 게 아닐까 싶어요. 나는 희생되는 거죠. 남에게 충분히 희생을 당하고 돌을 맞아도 할 수 있는 게 사랑이거든요. 스스로 돌아보세요. 이렇게 죽이고 싶도록 누군가를 미워한 적 없었죠? 그러니 사랑도 못 하는 거예요. 사랑과 미움은 같은 감정이니까요.

사랑은 둘의 경험이다

알랭 바디우Alain Badiou라는 철학자가 있어요. 그 사람이 이런 이야기를 해요. 사랑은 둘의 경험이라고요. 이 세계에는 많은 사람들이 있잖아요. 여러분은 둘의 경험을 해 본 적이 있나요? 여기서 둘이라는 건 나와 그 사람이에요. 나와 그 사람, 두 사람이 남자 주인공, 여자 주인공이고 나머지는 다 조연인 것이 사랑이거든요. 기적적인 감정이죠. 이 세상을 살면서 우리가 유일하게 주인이 될 때가 사랑할 때잖아요. 사랑하고 싶으시죠? '남자를 안고 싶다', 이런 거 말고요. 진짜 중요한 경험은 내가 주인공이 되는 경험을 하는 거예요. 내가 남자 주인공, 여자 주인공이 되는 거요.

그래서 사랑을 하게 되면, 여기 많은 사람들이 앉아 있어도 여러분 애인만 보이고 나머진 안 보여요. 그런데 만약 아무리 노력을 해도 상대방이 안 보이면, 그 사랑은 끝난 거죠. 사랑을 하면 잠실야구장에서도 애인을 찾을 수 있어요. 남자 친구에게 시험해 보세요. 못 찾을 거 같아요? 찾아요. 그 사람만 보이니까. 둘의 경험이라 그랬잖아요. 타인은 안 들어오죠. 둘의 경험을 한다는 건, 둘을 제외한 다른 것들이 들어오지 않는다는 거예요. 가령 카페에서 싸울 때 있죠? '어떻게 그럴 수 있어? 어제 왜 안 나왔어?' 이러는데, 상대방이 그럴 수 있어요. '조용히 해. 남이 듣잖아. 좀 조용히 얘기할래?' 이러면 사랑이 끝난 거예요. 100퍼센트 끝난 거예요. 그런데 그때 여러분들도 그런다고요. '맞아, 내가 너무 시끄럽네. 우리 조용히 이야기하자.' 타인의 시선이 둘 사이에 들어온 거죠. 서로 사랑하는 부부가 싸움을 하면, 옆집을 의식하지 않아요. 옆집에서 소리를 지르겠죠. '그만 좀 잡시다!' 그때 벽을 치는 거예요. '조용히 해. 이 새끼야!' 이게 사랑이에요. 여러분은 주인공이고, 다른 사람들은 조연이죠. 주인공인데 조연을 왜 신경 쓰겠어요?

알랭 바디우가 사랑은 둘의 경험이라고 한 건 바로 이 얘기를 한 거예요. 다른 게 개입이 되면 안 돼요. 이게 만만한 것이 아니에요.

둘의 경험을 한다는 건, 다른 사람 눈치를 보지 않는다는 거예요. 다른 사람 눈치를 보면, 그 사람이 주인공이 되는 거죠. 대학로에서 낮에 남자 친구에게 키스해 달라고 말해 보세요. 남자 친구가 여러분 손을 잡고 카페로 기어 들어간다면, 여러분을 사랑하는 게 아니에요. 바로 거기서 키스를 해야 돼요. 미풍양속을 해치는 것 같아요?(웃음) 미풍양속을 생각하면 사랑이 아니에요. 심지어 옛날에 낙랑 공주는 나라도 말아먹었는데요? 사랑의 힘이에요.

조선조 왕이었던 영조의 어머니가 무수리거든요. 무수리가 뭔지 아세요? 후궁이 아니에요. 후궁 배 닦아 주고 안마해 주는 여자예요. 왜 영조의 아버지였던 숙종이 무수리를 건드렸는지 아직도 수수께끼예요. 후궁들도 많거든요. 하지만 숙종과 영조의 어머니, 그 두 사람이 같은 방에 있었을 때 무수리와 왕이라는 구분이 있었을까요? 만약에 숙종이 갑자기 '야, 오버하지 마. 너 무수리야' 이러면 사랑이 끝난 거죠. 숙종이 자꾸 왕으로 보이면 사랑은 끝난 거예요. 정치적 상황, 경제적 조건, 오만 가지 것들이 눈에 들어오지 않아야 해요. 그런 과정이 분명히 있었을 거예요. 그게 얼마만큼 지속되느냐의 문제죠. 우리는 그걸 사랑이라고 부르거든요.

둘을 제외하고 다른 게 또 어떤 것들이 들어올 수 있죠? 돈이 들어올 수 있죠. 이런 조건들이 들어오면 둘의 경험이라는 규칙이 깨지는 거예요. 만약에 내 남자 친구의 연봉이 6,000만 원이에요. 돈을 이렇게 잘 버니 우리는 상대방의 좋은 점을 찾아요. 어떻게든 찾게 돼요. 그리고 연애를 하고 결혼도 할 수 있죠. 내가 속물이라는 걸 잘 아는 친구들은 이렇게 물어보겠죠. '그 사람 연봉이 6,000만 원이라 사귀는 거야?' 그러면 우리는 이렇게 이야기를 하잖아요. '그건 중요한 게 아니고 사람이 참 좋다'고요. 그런데 이게 정말인지 아닌지는 나중에 가 봐야 알아요. 높은 연봉을 받았던 상대방이 정리 해고를 당했을 때 알 수 있죠. 그때 우리는 직감합니다. '나는 이 사람이 돈이 없으니까 끝내는 거구나.' 그 사람과 나 말고, 돈이 들어온다는 거예요. 돈을 거부하고 사람을 만날 수 있어요? 돈도 배제해야 하는 거예요. 사랑이 둘의 경험이라는 바디우의 이야기는 엄격한 잣대예요.

나이도 제3의 영역이에요. 나보코프 Vladimir Nabokov가 쓴 소설 《롤리타》는 중년의 남자와 10대 여자의 사랑 이야기죠. 여러분들은 이걸 이상하게 볼 거예요. 사랑을 모르니까요. '롤리타 콤플렉스'라는 말 들어 보셨죠? 병이라는 거예요. 하지만 이건 병이 아니에요. 소설을 읽어 보세요. 그 남자에게 그 여자의 나이는 보이지 않아요. 나이도 안 보이는데, 외모가 보여요? 외모가 보일 것 같아요? 여러분들은 많이 보이죠? 그러니 힘든 거예요. 쭈글쭈글해지면 어떡할 건데요? 돈 없어지는 거랑 똑같은 거예요. 이런 것들이 들어오면 안 되는 거죠. 상대방이 '한 사람'으로 다가와야 하는 거거든요.

　사랑은 둘의 경험이라는 말, 이 엄격한 잣대로 본다면 저를 포함해서 우리 모두는 사랑한 적이 거의 없다는 놀라운 사실에 직면하게 되고 조금 당혹스러워집니다. 둘의 관계를 지키려면 주인공들이 발악을 해서 주인공으로 남아 있으려고 해야 해요. 어머니가 개입하고, 주변 사람들이 개입하고, 경제적 상황과 오만 가지 것들이 개입할 때 우리는 싸워 이길 수 있을까요? 이게 여러분들이 고민을 해 봐야 되는 문제인 거죠.

　그러면 결혼은 둘의 경험을 하는 걸까요? 결혼이 둘을 주인공으로 만들어 주는 제도일까요? 결혼식을 하려면 그 전에 상견례를 먼저 하잖아요. 그러면 이제 조연이었던 사람이 주연으로 올라오기 시작해요. 시어머니죠. 이러면서 사랑이 붕괴되는 거예요. 오만 가지 일들이 벌어져요. 명절이 되면 아실 거예요. '진정한 주인공은 생면부지의 저 할머니가 분명하다.' 이렇게 되는 거예요. 여자 주인공이었는데 결혼을 하자마자 조연으로 강등돼요.

　결혼과 사랑은 별개인 거죠. 문인들이나 인문학자들은 다 알아요. '결혼은 미친 짓이다'라는 것을요. 결혼을 하면 우리가 주인공이 되기엔 상당히 안 좋은 요건들이 마련되는 거잖아요. 심지어 아이를 낳아 봐요. 아이가 조연일까요? 부부끼리 저녁 먹다가 '잠깐, 우리에게 아이가 있었지?' 뭐 이런 사이예요? 아니죠. 가족이 되는 거예요.

사랑과 부합되는 결혼을 딱 하나 말씀드릴게요. 호르헤 루이스 보르헤스Jorge Luis Borges의 《픽션들》이라는 소설이 있어요. 이 보르헤스 집안의 특징이 유전적으로 4~50세가 넘으면 실명을 한다는 거예요. 그래서 보르헤스 소설은 감각적 이야기라기보다 굉장히 지적이고 상상력이 풍부한 이야기로 흐르죠. 그런데 보르헤스가 부인이랑 이혼을 합니다. 눈이 안 보이니까 이제 돌봐 주는 여자가 필요하잖아요. 그래서 비서를 뒀는데, 두 사람이 나이 차이가 꽤 났지만 사랑을 하게 되죠. 사랑이 가진, 스킨십이 가진 그 강렬한 느낌들이 있잖아요? 보르헤스는 그 비서랑 사랑을 할 때 이러한 느낌들을 느낄 수 있는 나이도 지난 때였어요. 그런데 보르헤스가 죽기 6개월 전에 그 비서와 결혼을 해요. 왜 결혼을 했을까요? 그는 자기의 모든 저작권과 재산을 그 여자에게 주고 싶었던 거예요. 딱 한 번, 결혼이 정당화될 때에요.

사랑하는 사람과 그냥 사세요. 그냥 살다가 상대방이 사랑스러우면 내가 죽은 다음에 편하게 살라고 혼인 신고를 하는 거예요. 보르헤스처럼. 하실 수 있겠어요? 여러분들은 거꾸로 하죠. '혼인 신고를 해야 저 사람의 돈이 내 꺼다', '시댁의 비호를 받아서 나도 유학을 간다', 그 정도 되면 사랑은 아니에요. 그 정도 되면 거래죠.

사랑은 둘의 경험이다. 이게 만만한 게 아니죠. 둘의 경험을 유지하는 건 전투고 투쟁이에요. 스스로와도 싸워야 되죠. 자신을 둘러싼 모든 인간관계와 다 싸워야 돼요. 지구상에 둘만 있는 거예요.

이타심은 이기심이다

사랑은 왜 해요? 행복하려고요. 사랑하고 싶으시죠? 구원받으시려는 거예요. 불행에서 벗어나려고요. 그리고 그 느낌은 자존감의 느낌이에요. 내가 주인공이 됐다는 느낌이죠. 만약 어떤 사람을 만났더니 내가 더 낮아져요. 내 삶이 더 비극적으로 변하고, 완전히 조연 중의 막장 조연이 될 때 우린 그 사람을 사랑하지 않는 거예요. 그러니 사랑을 할 때 일종의 신분 상승을 하는 것 같은 느낌도 있는 거예요. 저 사람을 만났더니 내 자존감이 올라가지 않을 때, 우리는 더 이상 그 사람을 사랑하지 않는 거예요. 내 자존감이 조금은 더 올라가야 된다는 게 사랑의 기준이죠.

　둘의 경험을 하게 되면, 아무것도 안 가진 내가 이 세상의 모든 걸 가진 사람처럼 되죠. 그 남자를 만났을 때, 나는 여자 주인공이 돼요. 내가 지금까지 어찌 살아왔던지, 나의 학력이 어떤지, 나의 지적인 능력이 어떤지 상관없이 나를 여자 주인공으로 만들어요. 저 사람이랑 같이 있으니 나는 드디어 삶을 살아가는 것 같다는 느낌이 들죠. 주인공이 된 것이니까요. 조연의 삶은 힘들죠. 다른 사람 눈치 봐야 되잖아요. 그런데 그 사람을 만나니까 내가 주인공이 되는 거예요. 얼마나 매력적이에요? 그러니 그 사람한테 목숨을 걸지요. 그 사람이 없으면 나는 주인공에서 또 조연으로 떨어져요. 그것도 심하게 비중 없는 조연으로요. 붙잡아야죠. 그 사람을 잡고 있어야 유지되거든요. 사랑은 이렇게 시작되는 겁니다.

　사랑의 바닥에는 이런 놀라운 이기심이 있어요. 그 사람을 사랑하는 이유는 내가 행복해서예요. 그래서 황지우 시인이 시에 이렇게 썼죠. "이타심은 이기심이다." 여러분이 사랑하는 사람에게 왜 잘해 주는지 아세요? 이만큼 잘해 주는 여자, 이만큼 잘해 주는 남자가 없잖아요. 어디 가서 이런 호강을 해요. 이렇게 잘해 주면 그 인간이 딴 데 안 간단 말이에요. 그래서 잘해 주고 선물도 주는 거예요. 물론 사랑하는 사람에게 잘해 주지 않을 때가 와요. 사랑이 끝난 거죠. 닭 키우는 거랑 비슷해요. 내가 먹이를 더 이상 안 주는 거예요. 먹이를 주면 닭이 오고, 안 주면 안 오죠? 그런데 더 이상 모이를 안 주는 내 자신을 발견했을 때에도, 머릿속에서는 그저 습관적으로 사랑한다고 생각하죠. 하지만 아니에요. 절대 사랑하는 게 아니에요. 그때가 되면 그 사람에게 사랑하지 않는다고 얘기해야 됩니다. 그 사람도 그럴 수 있어요. 선물이 계속 오기는 오는데 어느 순간 선물이 뜸해질 때, 느낌이 오는 거죠. 더 이상 나에게 모이를 던져 주지 않아요. 내가 필요하지 않은 거죠. 이타심은 이기심이에요.

그러니까 '내가 너에게 얼마나 헌신적이었는데 네가 날 떠나니?'라고 하지 마세요. 여러분들이 좋아서 한 거예요. 그 사람이 나를 사랑해 주니 좋은 거죠. 세상에 저런 남자가 어디에 있어요? 친구들은 더치페이하자 그러는데 얘는 밥을 사 줘요. 이런 대접을 받아 본 적 있나요? 심지어 짐도 들어 주잖아요. 오만 가지 호사를 누리죠. 여자 주인공이 된 거예요. 남자 주인공이 된 거고요. 그래서 우리가 사랑을 시작하는 거예요. 사랑에 빠진다는 건, 하나의 구원 같은 거죠. 그 남자, 그 여자를 만나기 전까지 우리는 힘들게 지냈다고요. 멸시 속에, 탄압 속에서요. 우리 각자는요, 너무나 보잘 것 없어요. 우리는 너무나 하대 받으며 살았어요. '왜 나는 태어났지?', 이런 생각도 하잖아요. 학교에서 선생님도 한 대 때리고, 어떤 분들은 왕따도 당하고요. 오만 가지 문제들을 겪잖아요. 우리는 한 번도 주인공이 된 적이 없어요. 그런데 어떤 사람이, 나를 주인공으로 만들어요. 나더러 태어나서 고맙대요. 너무 좋죠. 어머니에게는 '이걸 왜 내가 낳았지?' 이런 얘기를 들었는데, 태어나 준 걸로 고맙다는 얘기를 들어요. 이런 게 사라지는데 왜 안 잡겠어요. 나에게 그 정도의 의미인데 붙잡죠. 사랑이란 건 그런 감정이에요.

그래서 집안이 불행한 사람은 빨리 사랑에 빠져요. 집이 개판이면 너무 힘들잖아요. 우리는 상대적인 동물이고 차이의 존재라서 조금만 나으면 그쪽으로 가거든요. 집이 행복한 사람은, 그 이상으로 해 주는 사람이 나오지 않으면 안 움직여요. 그러니까 집이 행복한 건 좋은 조건이에요. 실패를 안 하죠. 엘리자베스 테일러나 마릴린 먼로같이 결혼을 많이 하는 사람들은 너무 힘들게 지내서 결혼을 많이 한 거예요. A를 만났더니 너무 좋은 거예요. 사랑에 이르죠. 그런데 만나다 보니까 B가 등장하는 거예요. B가 더 잘해 주면 B로 갈아타요. 그럼 C가 등장해요. 갈아타는 이유가 그거죠. 아직 연애 못하고 결혼 못하고 마흔이 넘으신 분들 있으시죠? 이분들은 부모님을 원망해야 됩니다. 부모님이 자존감과 행복의 기준을 너무 많이 높여 놓은 거예요. 아이가 생기면 진짜 사랑을 줘서 키우세요. 그래야 애가 데리고 들어오는 남자나 여자 수준이 굉장히 높을 거예요. 여러분이 애인을 데리고 갔더니 부모님이 '난 이 결혼 반댈세!'라고 하시면, 그건 100퍼센트 부모님이 자초한 거예요.

다시 돌아오면, 우리가 사랑을 열망하는 건 행복하려는 거예요. 주인공이 되어 보려는 거예요. 평생 조연으로 사실 거예요? 살아 있을 때 주인공이 되어 봐야죠. 사랑은 둘의 경험을 하는 것이라는 이 짧은 이야기를 잊지 마시고, 우리는 정말 사랑을 해 봤는지 생각해 보시길 바랍니다.

상처받을까 두려워 시작하지 못하는 당신

저는 아직 연애를 한 번도 해 보지 못한 여자입니다. 누군가를 좋아해도 항상 상처받을까 두려워 제대로 시작조차 못합니다. 지레 겁을 집어먹고 상대가 다가오기도 전에 마음을 정리해 버리곤 합니다. 좋아하는 마음이 생겼다가도, '저 사람이 날 부담스러워하진 않을까?', '날 싫어하는 건 아닐까?' 계속 고민만 하다 이내 마음을 접고 맙니다.

누군가를 좋아할 때 항상 상처받을까 봐 두려우시다면, 좋아하지 않으면 돼요. 끝! 날로 드시려는 거죠. 사랑이라는 건 나무 같은 거예요. 나무가 높이 자라면 그림자가 생겨요. 사랑이 깊을수록 헤어지면 아프죠. 그런데 사람은 헤어지거든요. 생전에 헤어질 수도 있고 사고로 죽을 수도 있어요. 상대방이 먼저 내 곁을 떠날 수도 있고, 내가 떠날 수도 있고요. 사실은 살아 있을 때 헤어지는 게 제일 좋아요. 그런데 우리는 그렇지 않죠. '나랑 만났으니 눈에 흙이 들어올 때, 그때 떠나야 된다.' 거의 미저리 수준으로 접근하죠. 나랑 같이 있어서 행복하고 내가 사랑할 수 있다는 건 고통을 감당한다는 거예요.
사랑해서 고통스럽잖아요.

다른 사람 만나서 더 행복했으면 좋겠다는 것이 사랑의 기본적인 정조거든요. 그런데 우리는 다른 사람에게 가서 행복한 거 못 봐요.

여러분 어머니가 편찮으시면 여러분도 많이 아프죠? 그런데 옆집 아줌마가 아프면, 아파요? 안 아프잖아요. 사랑과 고통은 같아요. 사랑의 나무가 커지면 그림자도 길어질 거예요. 그림자를 반으로 자르고 싶다면 사랑도 반으로 자르면 돼요. 같은 겁니다. 그런데 우리는 고통만 줄이려 해요. 누군가를 좋아할 때 상처받을까 봐 두려워하고 겁을 집어먹으면 죽었다 깨나도 사랑 못 해요.

내가 사랑할 수 있다는 건 고통을 감당한다는 거예요. 사랑해서 고통스럽잖아요. 군고구마를 잡는 거랑 같다고 생각하면 돼요. 뜨거운데 먹고 싶죠. 어떡할 거예요? 손 안 잡고 군고구마 먹는 방법 가르쳐 드려요? 잡아야 돼요. 이분은 사랑을 못할 바에는 사랑을 안 했으면 좋겠다는 겁니다. 그냥 외롭게 처절하게 조연으로 사는 거죠, 평생. 처절하게 사세요. 사랑의 감정, 주인공이 되는 건 힘들어요. 영화만 봐도 주인공이 오만 우여곡절을 겪잖아요. 주인공이 되고 싶지 않아요? 지금 다른 사람을 탓하는 거예요. 저 사람이 날 사랑하지 않을까 봐, 그래서 사랑하지 않는다고 얘기하는 건, 남을 탓하는 거예요. 짝사랑할까 봐 무섭다고요? 무서울 이유가 뭐 있어요? 여자 주인공의 역할을 하세요. 물론 영화가 촬영되지 않을 수도 있어요. 남자 주인공이 무대에 안 올라올 수도 있어요. 아니면 마는 거죠. 뭐 어떡해요? 그건 어쩔 수 없죠.

　이 질문의 요지는 사랑을 하고 싶다는 거잖아요. 따뜻한 건 가지고 싶죠. 미성숙하신 거예요. 그림자를 반으로 쪼개려면 사랑을 반으로 쪼개야 되는데, 그건 감당하지 않고 사랑만 그대로 가져가려고 하는 거죠. 이상한 걸 꿈꾸는 거예요. 그림자 없는 나무. 무시무시하죠.

　또 한 가지 큰 문제는 해 보지도 않고 오만 상상을 한다는 거예요. 옛날에 어떤 마을에 마을 사람들이 모여요. 대나무 숲에 가면 안 된다고 해서 다들 안 가 봤어요. 거기 귀신도 나오고 용도 산대요. 그런데 가 보면 별거 없거든요. 두더지 한두 마리밖에 없어요. 자전거 배우는 거랑 비슷하다고 생각하시면 돼요. 몇 번 넘어져요. 지금 이분은 넘어지는 게 무서워서 자전거를 안 타는 거예요. 그러면 영원히 자전거 못 배워요. 영원히 사랑 못 해요. 어떡하려고 그래요? 지금 빨리, 이번 달 안에 넘어져야 해요. 빨리빨리 넘어져야 돼요. 한 번만 넘어지면 별거 아니란 걸 알아요. 넘어져 보신 분들은 알죠? 넘어졌을 때는 죽을 것 같았을 거예요. 그런데 그게 한 달 가요? 일 년 가나요? 안 가요. 겁이 많은 사람들은 더 많이 넘어져요. 자전거 탈 때 넘어질 걸 생각하면 넘어지죠. '에이 씨, 그냥 간다' 이런 생각으로 쭉 가세요. 그러면 자전거를 잘 타게 돼요. 자전거를 타려면 넘어지는 게 무섭지 않다는 걸 배워야 되는데, 그걸 배우는 좋은 방법은 넘어져 보는 거예요. 그런데 지금 그게 무서워서 안 넘어지면, 자전거 위에 못 올라가는 일이 생기는 거예요. 우리는 자신이 안 해 본 걸 무서워해요. 가 보면 별거 아니에요.

그 사람 앞에 서면, 작아지고 마는 당신

저는 스물두 살의 여자입니다. 지금까지 연애 경험은 한 번도 없습니다. 저의 가장 큰 문제는 조금이라도 마음에 드는 이성 앞에 서면, 얼굴이 빨개지고 부끄러워 말도 제대로 못하게 된다는 겁니다. 심지어 저에게 관심을 보이는 이성에게조차 이런 태도가 이어지더군요. 제가 변할 수 있을지 잘 모르겠습니다.

제가 봤을 때 가장 큰 문제는 남자에 대한 환상이 너무 크다는 거예요. 남자라는 게 별거 아니라는 걸 알아야 돼요. 별거 아닌 사람들 중에서 어떤 특정한 사람이 주인공으로 다가와야 되는데 지금 이분은, 모든 남자가 주인공인 거예요.

어떤 사람이 남성이라는 건, 그 사람을 규정하고 있는 수만 가지 특징 중 하나일 뿐이에요. 상대방이 '남성'이라는 것을 크게 확대해서 보기 시작하면 구체적인 한 사람에게 접근을 못 해요. 우리는 이성을 두고 신체적 다름을 생각하죠. '나는 여자고, 상대는 남자다.' 우리 몸의 구조 자체가 남자, 여자가 같이 있어야 할 몸이죠. 그래서 우리는 배우지 않아도 섹스를 나눌 수 있고 서로를 만져 줄 수 있어요. 그런데 우리는 지금 그것만 이야기하는 게 아니죠? 주인공이 되는 유일한 기준이 성性이라면 그건 포르노예요.

분명히 우리에게 성에 대한 판타지가 있을 수 있어요. 성적인 걸 국가에서 통제하고 금기시하니까요. 인간은 어떤 것이 금지되었다는 이유만으로 그것을 욕망하는 존재입니다. 조르쥬 바타이유Georges Bataille의 통찰은 정확합니다. 나체촌에서는, 성범죄가 일어나지 않아요. 다 보고 있기 때문에요. 나체를 가리고 그것이 금기가 되면 오히려 인간은 나체를 더 보고 싶은 법이지요. 당연히 나체를 보고 싶은 욕망은 그것을 금기시했을 때 더 강화될 겁니다. 심지어는 병적인 지경에까지 이르게 될지도 몰라요. 우리 사회는 아직도 유교적 관습에 강한 영향을 받고 있는 사회이고, 최근에는 기독교적 가치관도 깊게 각인되어 있지요. 유교든 기독교든 성적인 것을 금기합니다. 그러니 성적인 것을 더 욕망하게 되고, 그에 걸맞게 성적인 판타지가 강해지는 거죠. 거기에서부터 해방 돼야 돼요. 노골적으로 말하자면 많은 남자랑 사랑을 나누세요. 많은 여자랑 사랑을 나누고요. 그래서 성이라는 면이 별것 아니고, 작은 부분이라는 걸 아셨으면 좋겠어요. 성적으로 궁합이 안 맞는다고, 나중에 헤어지는 부부들 있죠? 섹스만, 성만 달랑 보고 간 거예요. 오히려 관계에서 성적인 영역이 작아져야 돼요. 이건 다시 말하면 성적으로 자유로워져야 한다는 거예요. 그래야 그런 추잡한 이혼 사유가 안 나와요.

이렇게 되물어 보는 거죠. 그래서 남자가 뭐라고 생각하느냐고요. 저는 한 사람의 문제를 이야기하는 거예요. 어떤 '한 사람'으로 다가와야 되는 거예요. 그리고 그 상대가 이성일 것이라고 미리 예측하진 마세요. 이성일 수도 있고 동성일 수도 있어요. 성전환자일 수도 있죠. 상관없어요. 우리는 지금 이성애적인 전제를 하고 있지만 상대가 동성인데 그럴 수도 있어요. 동성인데 그 사람이 나를 주인공으로 만들어 줄 수 있어요. 그럼 동성애적 경향이 있는 거예요. 누가 나를 주인공으로 만들어 주는가의 문제입니다. 국가에서 뭐라고 하건 간에, 나를 주인공으로 만드는 게 사랑이에요. 동성애라는 건 사랑에 빠지고 나서 아는 거예요. 우린 이성애 교육을 받아서 스스로도 부정한단 말이에요. '안 돼. 우린 이뤄지지 않는다. 안 돼, 안 돼.' 그러다가 받아들이게 되는 거죠.

우리가 먼저 이성이 별것 아니라는 것을 봐야 된다고요. 본인이 투사하는 판타지로 많은 부분들을 보기 때문에 헷갈리는 거예요. 누군가를 만나서 상처도 받고 알아 나가는 과정이 필요합니다. 일단 사랑이라는 느낌이 들면, 그냥 던져요. 최선을 다해요. 그러다 나중에 사랑이 끝났을 때 '사랑이 아니었나 봐'라고 정직하게 말할 수 있으면 돼요. 나중에 밥 먹기 싫어지면 그때 '밥 먹기 싫어'라고 할 수 있으면 돼요.

사랑을 안 해 본 사람은 어린애인 거예요. 두 번, 세 번, 네 번 해야 알죠. 우리가 예술 작품을 처음부터 알아볼 수 있어요? 수십 편을 보고 나서 판단을 내리는 거예요. 우리가 판단을 내릴 때는 '비교'를 하는 거예요. 경험이 없다면, 경험을 쌓아야 돼요. 이건 빨리빨리 해야 되는 거예요. 그러면 자기 감정 밖에 믿을 게 없다는 걸 알게 되죠. 좋아하는 남자 만나면 식사하자고 해요. 그러면 둘 중 하나잖아요. 걔랑 먹든가, 말든가. 확률이 50퍼센트면 전 베팅해요. 고스톱 쳐서 이길 확률이 33퍼센트인데도 사람들이 하잖아요. 이건 확률이 반이에요, 반. 할 수 있죠? 되면 자기감정대로 된 거고, 저쪽도 내 손을 잡아 준 거잖아요.

그런데 내가 손을 내밀었다고 해서 의무감을 갖지는 말아요. 굉장히 정직해야 돼요. 예를 들면 사랑이라고 생각했는데, 사실은 나에게 조언을 해 줄 수 있는 지적인 남자를 원했던 것뿐이었을 수도 있잖아요. 물론 이것도 그 사람이랑 사귀어 봐야 아는 거죠. 키스를 하려고 하는데 별로 느낌이 없을 수도 있죠. 처음에는 오만 생각이 들겠지만, 이런저런 과정을 거치다 보면 본인도 알게 될 거예요. 스스로가 어떤 사람인지, 나에게 사랑이 어떤 감정인지요.

사랑이라는 감정을 배우는 요령은 자기감정에 충실한 거예요. '나중에 사랑이 아니면 어쩌지?' 이런 생각하지 마세요. 그런 생각하면 사랑 못 해요. 하나만 따져요. 감정에 정직했느냐만. 내가 가진 감정이 사랑인지 아닌지는 모르죠. 하지만 사랑이라고 느꼈으면 정직하게 하고, 아니라는 게 확인될 때 아니라고 이야기해 주는 것, 이게 자신과 상대방에 대한 최소한의 예의입니다. 그것만 지키세요. 스물두 살이라고 하셨죠? 이제 시작이에요. 서른 살이 되면 만신창이가 될 거예요. 그리고 성숙해질 겁니다. 또 그만큼 자전거는 잘 타게 될 거예요. 겁내지 마세요.

사랑의 징조

저는 아직 연애를 한 번도 해 보지 못했습니다. 과연 제가 그 상대방을 정말 사랑하고 있는 건지 제 마음을 저도 잘 모르겠습니다. 좋아하는 마음이 생긴다는 게 어떤 느낌인지 아직 잘 모르겠어요. 연애 세포가 없어서 그런 걸까요? 그 사람이 진짜 사랑인지 어떻게 알 수 있는 걸까요? 어떤 사람을 좋아하고 있다는 징조는 대체 뭔가요?

어떤 사람을 좋아하고 있다는 징조는 '느낌'이죠. 이게 지금 안 온다는 거거든요. 우선 좋아하는 것 같다는 막연한 생각과 좋아한다는 확실한 느낌은 다른 거예요. 사람들이 맛있다고 하는 커피를 먹으면서 대충 먹을 만하니까 '맛있는 커피네'라고 말하는 경우가 있죠. 하지만 혼자서 그 커피를 먹으려고 다시 그 커피숍에 가게 될까요? 만약 정말로 온몸으로 '맛있는 커피네'라고 느꼈다면, 우리는 바로 알아요. 앞으로 우리가 얼마나 자주 곳간의 쥐새끼처럼 그 커피숍에 들리게 될지를요. '느낌!' 확실하게 아는 것! 다른 사람이 무엇이라고 해도 확실하게 알고 느끼는 것. 이것이 바로 '확실성'의 감각이지요. 확실하다는 느낌이 들 때까지 조바심치지는 마세요. 반드시 올 테니까요. 단지 그때가 언제일지가 막연할 뿐이지요.

'저 남자가 좋다'는 확실한 느낌이 한 번은 와야 되는데, 오지 않은 사람한테 어떻게 설명을 해야 할까요? 말하자면 이런 느낌이죠. 일단 행복이 충만한 느낌으로 와야 됩니다. 사랑의 놀라운 경험 중 하나는 사랑하는 사람과 같이 있으면 충만하고 행복하다고 느끼는 거예요. 동시에, 저 사람과 떨어져 있으면 불행하다는 것을 느끼는 거지요. 그러니까 사실은 저 인간을 만나서 불행이 생긴 겁니다. 그 인간이 떠나면, 나에게 충만함을 가르쳐 놓고서 '휙' 빠져 버리면, 그 결여감은 굉장히 크겠죠. 좋아하고 있다는 징조는 그런 느낌이에요. 충만하다는 느낌과 나 혼자선 아무것도 못한다는 결여의 느낌입니다.

괜찮은 사람은 다 애인이 있다?

스물네 살의 남자 대학생입니다. 몇 번인가 누군가를 좋아했고, 다가가 보려고도 했지만 매번 상대에게 애인이 있다는 걸 알고 포기하기를 반복했습니다. 좋아하는 마음이 생겨도 죄책감과 두려움에 적극적으로 구애할 수 없을 때가 많았습니다. 이제는 제가 누군가를 좋아하게 될 것 같으면 스스로 부정하기도 합니다. 애인이 있는 여자를 좋아하게 되면 또 낙담할 테니까요. 이런 저에게 최근 또 한 여자가 눈에 들어오기 시작했습니다. 그런데 얼마 후 그 사람에게도 남자 친구가 있다는 사실을 알 게 됐습니다. 저는 어떻게 해야 될까요?

이상한 건 아니에요. 기본적으로 애인을 둔 사람은 안정감이 있어요. 예를 들면 어떤 여자가 처음부터 나를 남자로 생각 안 하고, 너무 편하게 대하는 거예요. 그 사람은 애인이 있으니 여자 주인공이거든요. 주인공이 조연을 만나는 거라 너무 편한 거죠. 왜 이런 안정감 있는 여자가 내 눈에 들어올까요? 이건 자신에게 돌아와야 되는데, 본인이 어린 거예요. 엄마 같은 이미지를 찾는 거죠. 위험한 여자를 못 만나는 거예요. 안정감 있는 여자를 찾는다고요.

그리고 거꾸로 이렇게 물어보죠. 애인이 있는 여자를 빼앗고 나면 그 여자의 안정감이 없어질 거예요. 그걸 감당할 수 있을까요? 기형도 시인이 생각나네요. 기형도는 친구가 사랑하는 여자를 사랑해요. 그런데 기형도의 친구는 자기 여자 친구를 지켜야 되는데 그러지 않고 기형도에게 주는 거예요. '형도야, 네가 지금 6년 만에 사랑을 하는구나. 내 여자 친구 너 가져' 뭐 이런 식으로요. 여자는 황당하죠. 그렇게 사랑을 쟁취하고 나면, 기형도의 사랑은 싹 식어요. 기형도는 친구를 질투하고 있었을 뿐, 그 여자를 사랑한 것은 아니니까요. 기형도의 비극적인 사랑이지요. "질투는 나의 힘"이라고 외쳤던 시인이었으니까요.

한 사람이 안정감이 있고 주인공 같고 당당하고 편안함을 주는 건 그 사람이 다른 사람과의 관계에서 여자 주인공이기 때문이에요. 여자 주인공은 매력적이죠. 시녀 같은 여자보다 매력적이죠. 본인을 어리다고 생각하라는 건 누나 같은 캐릭터에게 끌리기 때문이에요. 지금 질문하신 분 본인의 삶이 불안하고 굉장히 안 좋을 거예요. 그래서 안정감을 주는 여자가 좋은 거예요. 그런데 안정감을 주는 저 여자의 안정감이 깨지면 본인이 그 여자를 버릴 수도 있어요.

여하튼 그런지 아닌지는 해 봐야 되는 거 아니에요? 또 다시 한번 해 봐요. 다른 남자에게 사랑을 받아서 여자 주인공의 아우라가 나기 때문에 내가 좋아하는 건지 확인해 보세요. 나에게 어떤 여자를 여자 주인공으로 만들 힘이 있는지 거꾸로 물어보자는 거예요. 내가 좋아하는 여자를 더 큰 주인공으로 만들면 그 여자는 본인에게 올 겁니다. 안 그럴 거 같아요?

거기는 B급 영화인데, 나를 만나면 베니스 영화제에 상영되는 겁니다. 사랑은 주인공이 되는 경험이라고 했잖아요. 그 정도로 해 보셨어요? 그 여자가 지금 애인이 행복하게 해 주는 것보다 더 많이 행복하게 해 주려고 해 보셨어요?

본인이 상대를 주인공으로 만들려는 힘이 아직은 없는 것 같아요. 만약에 다른 사람에 의해서 여자 주인공처럼 되어 있으면 멋있는 여자잖아요. 사랑받는 여자는 다 예뻐요. 사랑받으면 다 예뻐지거든요. 주인공이니까요. 그래서 사랑받으면 사람들이 예뻐졌다고 그러잖아요. 실연당하면 주변에서 요새 무슨 일 있냐고 바로 묻지 않아요? 그러니까 누가 만들어 놓은 여자 주인공을 날로 드시려는 거 같다는 느낌이 든다는 거예요. 본인이 누군가를 주인공으로 만들어야 된다는 사실을, 그것이 사랑인 걸 잊고 계시는 겁니다.

그리고 아까도 얘기했지만 싸움은 가능해요. 캐스팅이 바뀔 수도 있어요. 남자 주인공이 바뀔 수 있고요. 그걸 이상한 윤리적 잣대로 판단하지 맙시다. 우리는 나를 더 주인공으로 만드는 사람에게 가게 되어 있어요. 상대방이 잠시 나를 주인공에 캐스팅을 했다가 조연으로 쓸 거 같은 느낌이 들 때 우리는 조심하죠. 하지만 이 사람이 나를 주인공으로 만들어 준다는 확신이 들면 그 사람에게 갑니다. 불안하지 않으면 가요. 유부녀라도 가요. 내가 남편을 버리고 갔을 때 러닝 타임 때까지 주인공으로 있을 거라는 확신이 들면 간다고요. 그런데 우리가 안 가는 이유가 뭐예요? 불안하단 말이에요. 주인공이 달랑 5분 연기하고 끝날 수도 있잖아요. 그래서 이제 이렇게 한번 생각을 해 보셔야 돼요. 사랑을 할 수도 있는 건데 중간에 왜 포기를 했을까요? 상대방을 주인공으로 못 만들어 줬나요? 불신을 줬을 거예요. 어쩌면 상대방이 흔들렸을 수도 있어요. 하지만 이 사람이 날 주인공으로 만들어 준다는 걸 확실히 믿지 못했을지도 몰라요. 이럴 때는 다른 영화에 겹치기 출연을 하지 못하죠. 본인이 여릴 거예요. 약할 수도 있고요. 주인공을 한번 만들어 보세요. 누구를? 주인공이 아닌 사람을. 그리고 이미 여자 주인공이더라도 그 사람을 더 빛나고 오래도록 주인공으로 만들어 주셔야 하고요.

당신의 과거를 참을 수 없는 애인

얼마 전, 헤어진 남자 친구가 결혼한다는 소식을 듣게 됐습니다. 그 사실을 알고 충격을 받아서 지금 만나고 있는 사람에게 그 이야기를 털어놓았습니다. 지금 만나고 있는 사람은 본격적으로 사귀는 사이는 아니지만 제

> 법 진지하게 연락을 하는 사이입니다. 그런데 그날 이
> 후로 그 사람의 반응이 냉랭해졌습니다. 어떻게 자기에
> 게 전 남자 친구 이야기를 할 수 있느냐며 저를 두고 철
> 이 없다고도 말합니다. 이별한 남자 친구와의 기억을 지
> 우거나 시간을 부정할 수 있는 것도 아닌데, 저는 정말
> 어떻게 해야 될지 모르겠습니다. 제가 정말 철이 없어서
> 실수를 한 건가요?

　　헤어져요. 사랑이 둘의 관계라 그랬잖아요. 본인은 예전에 사귀던 남자를 정리해도, 그 남자는 본인이 헤어졌던 남자를 가슴에 품을 거예요. 눌러놓을 거예요, 용수철처럼. 그렇지만 눌려진 용수철이 언젠가 튀어 오르듯이, 그의 뇌리에 있던 그 남자도 언젠가 다시 그의 입에서 튀어나올 겁니다. 약속에 늦었다고 짜증이라도 내면 '나는 그 남자랑 달라', '예전에 그 남자는 그렇게 안 했나 보지?' 뭐 이런 식으로 말이에요.
　　여러분이 거짓말을 하고 무언가를 숨기게 만드는 사람을 사랑하게 되면 불행해져요. 여러분 감정을 영원히 표현하지 못 할 거니까요. 여러분은 썩고 외로워질 거예요. 전 남자 친구가 결혼하는 게 본인에게는 충격적인 사건인데 그 얘기를 받아들이지 못하고 저런 반응을 보이는 남자면, 아닌 거예요.

사랑하는 사람을 만나면 우리는 정직해져요. 내가 거짓이고 허영이 많아도, 사랑하는 사람에게는 나의 그 모습을 다 얘기해 주게 됩니다. 진짜로 사랑을 하게 되면 다 얘기를 해요. 자기 상처, 흉터를 모두 보여 주는 거예요. 왜냐면 자기를 다 보여 주고 나서, 있는 그대로의 모습으로 사랑받고 싶기 때문이죠. 그걸 숨기게 되면 평생 연기를 하는 거니까요. 그런데 지금 만나고 있는 그 사람은 본인에게 약점을 보이지 말라고 하는 거예요. 본인의 과거를 부정하는 남자랑 왜 만나요? 만날 이유가 없죠. 만나면 안 돼요.

내가 뭔가를 숨기게 만드는 건 사랑이 깨지는 잣대 중 하나예요. 그 남자는 아직도 순수한 여자를 찾는 거예요. 그리고 '그 정도는 네가 숨겨야지. 왜 나를 힘들게 해' 이러는 거예요. 그러면 아픔은 어떻게 할 건가요? 본인이 힘들고 아픈 걸 그 남자에게 이야기할 수가 없잖아요. 털어놓아도 '그건 네가 해결해. 왜 나에게 그런 얘기를 해? 집에 돈이 없다고? 네가 해결해야지' 이렇게 나올 수 있는 거예요. '부담스럽게 왜 이래?' 이렇게 얘기할 사람인 거죠. 이번 일은 어떻게 잘 이야기하고 넘어간다고 해도 나중에 어떤 문제가 벌어지게 되면 또 숨기게 될 거예요. 앞으로 숨겨야 될 모습이 더 끔찍한 거예요. 남자 주인공, 여자 주인공 사이에 비밀이 많으면 절대 안 돼요.

시간이 한참 지나서 두 사람이 친해져서 여행을 가거나

좋은 카페에 앉아서 차를 마실 때, 그 남자가 본인에게 물어볼 거예요. '그 남자는 무슨 음악 좋아했었어?' 이거 감당할 수 있 겠어요? 이분이 전 남자 친구를 지워도, 지금 그 남자는 한 남 자를 끌고 다니며 살 수 있는 남자예요.

차라리 '너 순진한 줄 알았더니 왜 그래?' 하면서 괴롭히 는 건 상관없어요. 진짜 무서운 애들은 눌러놔요. 배운 게 있으 니까 '나 고상한 사람이야. 이걸로 흥분하면 안 돼' 이렇게 눌 러놨다가 이상한 데서 튀어나와요. 영화를 같이 봤는데 장동건 이 나왔어요. 본인이 좋아할 수 있잖아요. '어, 멋있다.' 이랬는 데, '예전 남자 친구랑 비슷하냐?' 이러면 어떡할 거예요?

〔제가 그 말을 했더니 나중에 이렇게 말하더라고요. "네 가 아직 어린 거 같다. 그런 말을 어떻게 할 수 있냐. 내가 그냥 친구가 아니지 않느냐." 그래서 제가 너무 어려서 이런 말을 한 건가 싶더라고요.〕

아니에요. 다 괜찮았어요. 누군가를 좋아하면 예전에 자 기가 누굴 사랑했는지 얘기하는 게 정상이거든요. 얘기해 주 는 거예요. 왜냐면 앞으로 같이 지낼 사이니까 서로 모르는 과 거라는 걸 주는 거죠. 내가 나의 과거를 얘기하는 사람들을 친 구라고 하는 거예요. 진짜 친해지면 가령 내가 어렸을 때 고생 한 이야기, 전에 정신병원에 다녔던 이야기도 말할 수밖에 없 어요. 그게 정상이라고요. 그런데 그걸 받아들이지 못하는 사람들이 있어요. 어린애인 거죠. 사실은 지금 만나고 있다는 그 남자가 철이 덜 난 거고, 철이 덜 난 사람을 만났으니 이분도 역시 철이 덜 난 거예요. 같이 가는 거니까요.

이별한 연인의 연락을 거절하지 못한다면

저는 연인과 헤어진 후에, 다시 그 사람과 만나기를 반복한 경험이 많습니다. 헤어진 이후에 연락을 해 오면 거절을 잘 못합니다. 아무리 좋지 않게 관계를 끝냈어도, '어쩌다 우리가 원수가 되었나' 싶고, '인간이 살다 보면 그럴 수도 있지' 하는 연민마저 듭니다. 저에게 헤어짐은 여전히 어렵고 어색하기만 합니다. 그런데 남자들은 이런 저를, 필요하면 언제든 다시 만날 수 있는 여자로 생각하는 것 같습니다. 그러다 보니 힘들어질 때도 많고, 후회할 때도 많아서 스스로도 정신 차리자며 발버둥치지만 마음처럼 쉽지 않습니다. 어떻게 하면 이별을 잘할 수 있을까요? 저는 이별을 성숙하게 받아들일 수 있는 사람이 될 수 있을까요?

본인이 지금 문경 새재 지키는 기생 노릇을 하고 있는 거예요. 가도 안 잡고, 와도 안 막고. 지금 이건 본인의 자긍심의 문제예요. 여주인공은 아니네요. 남자 입장에서는 굉장히 편한 여자예요. 그리고 본인이 연민을 느낀다고 하는데 그 상대방에게 연민을 느끼시면 안 되죠. 예를 들면, 아버지가 너무 위압적이어서 나를 때려요. 꼬맹이들은 그런 힘든 상황에서 살기 위해 아버지에게서 좋은 점을 찾아요. 아버지가 때리고 나서 술 취한 채로 나한테 쓰러져 울 거 아니에요. 그럴 때 아이가 속으로 그래요. '불쌍한 우리 아버지.' 아버지가 뭐가 불쌍해요, 불쌍하긴. 착각이에요. 그건 연민이 아니에요. 마찬가지예요. 떠났는데 다시 오면 붙잡아 주는 그 패턴이 문제인 거예요. 사랑을 해도 주인공은 아닌 거예요. 사귀는 남자랑 키스하고 싶을 때 어떻게 하세요? 상대방이 키스할 때까지 얘기 안 하고 가만히 있죠? 남자에게 '이리 와 봐' 이랬던 적 없죠? 당연히 안 하실 거예요. '오늘은 이 남자를 잘 꾀어서 어떻게 집에 안 들여보내지?' 이런 거 안 하시죠? 지금 너무 수동적인 거예요. 본인은 계속 조연으로 있으려고 그러잖아요. 조연이니까 주연이 부르면 가는 거예요. 그 남자의 이기심을 충족시키는 너무 좋은 캐릭터로 가는 거죠. 전통적인 여인상이네요.

〔그래서 이번에는 정말 독한 마음을 먹고 문자로 욕을 날

렸거든요.) 잘하셨어요. 돌아오지 못하게 해야 하는 거예요. 제가 아까 그랬잖아요. 잔인해져야지 자기 사랑을 한다고요. 한 번도 안 버려 봤죠? 버려지는 쪽이죠? 버려야 된다니까요. 어차피 그놈이 먼저 상처를 줬잖아요. 또 만나자 그러죠? 그러면 문자로 뭐라고 했어요? (넌 되게 초라하고 남루한 놈이다.) 약하다, 좀 약해요. 천사예요, 천사. 그렇게 하면 안 돼요. 그냥 짧게 '야, 이 개새끼야!' 하고 끊으면 돼요. 이럴 때 이해관계가 없는 친구에게 부탁을 해서 문자를 보내 달라고 하는 게 제일 좋아요. 본인이 보내면 안 돼요. 왜냐면 그 사람과 헤어진 건 나에게도 슬픔이기 때문에 예뻐 보이고 싶고 상처 안 받으려고 타협적으로 보내기 쉽잖아요. 그런데 그 친구는 객관적으로 보고 있잖아요. 그러니 그 친구가 대신 연락을 하면 다시는 연락이 안 올 거예요. 뭐라고 보냈는지 물어봐도 얘기도 안 할 거예요. 그렇게 하면 될 것 같아요. 뭘 초라하고 남루하다는 얘기를 해요? 남루하다 그러면 그 남자는 뭐라고 그러는지 아세요? 또 답신 온다고요. '나 남루하지 않도록 노력할게.' 그러면 어떻게 하려고 그래요? (바로 전화가 왔어요. "내가 너에게 좋은 인상을 남기려고 이러는 건 아니고 네가 행복하길 바란다." 라고 말하더라고요.) 그것 봐요. 빌미를 준 거예요. 그냥 완전히 밟아 버리면 되거든요. 그럼 화나고 금방 잊는데, '너의 행복을 위해서야' 뭐 이런 거 있잖아요. 이런 건 상대방을 두 번

죽이는 거예요. 집에 혼자 가만히 있다 보면, 뭔가 사기당한 것 같은 느낌이 들죠.

노예는 주인에게 잔인하지 못해요. 하지만 주인은 노예에게 채찍도 때리고 상도 주잖아요. 그러니까 이번에는 잔인해져 보세요. 스스로 품위를 유지하면 잔인하지 못해요. 안에 있는 그 야성, '나 이런 여자다'라는 걸 끌어올려야 할 수 있어요. 잔인해질 때, 내가 진짜 사랑을 할 수 있습니다. 계속 지금처럼 문경 새재에서 비가 오나 눈이 오나 바람이 부나 무조건 기다리지 말아요. 그거 하지 말아요. 그러면 이 사람 삶에 끌려 다니는 거잖아요. 이 사람이 바람처럼 불면 흔들리잖아요. 그러니까 완전히 이 관계를 깨야 돼요. 잔인해야 돼요. 그래야 다른 사람도 만날 수 있는 거예요. 어떤 사람을 만난다는 건, 다른 사람을 못 만난다는 거예요. 이렇게 남루한 사람이랑 계속 이 장난을 해야 할까요?

앞에서 이야기한 김수영의 시 기억나시나요? 처벌을 받을 각오를 하는 사람만이 살인을 할 수 있어요. 강해야 돼요. 누구를 많이 미워하고 버린 만큼 우리는 다른 걸 잡는 거예요, 더 세게. 왜냐면 그렇게 버려 봤기 때문에 아무거나 안 잡아요. 그렇게 손이 데였는데 아무거나 잡겠어요? 그걸 처절하게 알아야 됩니다. 그러면서 배우는 거예요.

이분은 참 착해요. 그런데 착한 건 자기가 삶을 살아가는 사람의 미덕은 아니에요. 착하면 부모가 좋죠. 착하면 선생님이 좋죠. 사람은 이기적이어야 돼요. 까먹지 마세요. 다른 사람에게 상처 줘도 돼요. 착한 건 미덕이 아니에요. 나를 이용해 먹으려는 사람에게는 내가 착한 것이 미덕이겠죠. 그 사람들은 그게 미덕이라고 강조할 거예요. '넌 착해서 좋다', '넌 극락 갈 거다' 뭐 이럴 거예요. 그럴 때 항상 당당하게 얘기해요. '난 지옥 가겠다', '난 지옥 좋아한다'고요.

결혼을 위해 필요한 것들?

오랜 기간 연애를 이어 가고 있는 30대 여성입니다. 저는 성인이 되어 스스로 책임질 수 있는 나이가 되면 준비된 돈이 많지 않더라도, 가령 3,000만 원이 없더라도 사랑하는 사람과 결혼하고 싶다는 생각을 해 왔습니다. 그런데 20대의 어느 순간부터 이런 제 생각이 쉽지 않다는 걸 알게 됐습니다. 그 즈음부터 현실적인 조건들이 보이기 시작하더라고요. 나의 안정된 직장, 상대방이 모아둔 돈, 부모의 지원이 가능한 시점, 부모의 회사 퇴임 직전의 시기 등 여러 조건들을 생각하게 됩니다. 지금

제 남자 친구는 모아둔 돈과 집안의 사정 등 여러 상황을 말하며, 저에게 끊임없이 이해와 기다림을 강요하고 있습니다. 조금만 더 참자고요. 이제 그에게 결혼에 대해 말하는 것이 자존심 상합니다. 저는 어떻게 해야 될까요?

이분은 사랑과 현실, 결혼이라는 문제를 안고 계시네요. 사랑하는 사람이 있는데 결혼하기 힘든 거죠. 3,000만 원 이야기를 하시니까 기자로 일하는 친구 한 명이 떠오르네요. 이 친구는 남자 친구가 너무 가난해요. 집안 형편이 안 좋고, 집에 아픈 사람도 있고요. 이 친구가 기자가 된 이유 중 하나가 돈이었어요. 3,000만 원 정도 모아서 남자 친구랑 살겠다고 하더라고요. 이건 비겁한 거예요. 3,000만 원이 있으면 결혼 생활이 행복해지나요? 그게 핵심이 아니에요. 어느 정도 경제적인 요건이 갖춰져야 같이 있겠다고 하는 건 별로 사랑하지 않는다는 거예요. 만약 3,000만 원이 기준이 된다면, 두 사람의 관계보다 3,000만 원이라는 돈이 주인공인 거죠. 사랑으로 극복하지 못하는 다른 현실적 조건이 있지 않느냐고 물을 수도 있을 겁니다. 그렇다면 현실적 조건으로 살아요. 죽었다 깨어나도 영원히 사랑은 못할 거예요. 그게 더 중요할 테니까요. 그

현실적 조건이 얼마나 자의적인 건 줄 아세요? 처음에는 3,000만 원이었다가 나중에는 3억으로 늘어나요. 제가 사랑은 둘의 경험이라고 했죠? 이런 고민을 갖고 계시다면 본인이 비겁한 거예요. 사랑도 아니고 뭣도 아닌 거예요. 사랑하면 3,000만 원은 중요한 게 아니에요. 그 조건이 먼저 들어오면 사랑이 아니죠.

만약에 여러분들이 연애를 하는데, 애인이 취업도 잘 안 되고 돈도 잘 못 벌어요. 그럴 때 애인이 '2, 3년 지나면, 돈이 좀 생길 것 같다. 그때 가서 결혼이든 뭐든 같이 지낼 수 있을 것 같다' 이렇게 말한다면 그건 거짓말이에요. 그런데 우리는 그 이야기를 듣고 또 납득을 해요. 왜냐면 나도 편하게 지내야 되니까 그 둘이 딱 그렇게 타협을 본 거예요. 그렇다면 딱 그만큼 살 거예요. 그만큼, 그 정도로! 사랑과 남녀 사이는 박수 같아서, 소리는 그 사람 혼자서는 안 나요. 내가 속물이면 그 사람도 그만큼 속물일 거예요. 속물들의 대타협이죠. 비슷해요. 사랑하는 사람이 생기면 잘 보세요. '그 정도가 나다'라는 걸 금방 알게 될 거예요. 저는 이런 분들에게 고리로 돈을 빌려 주고 싶다니까요.

15년 연애 후에 찾아온 것들과 조우하는 법

저는 연애를 오래 해 온 마흔 살 여성입니다. 벌써 15년째, 결혼은 하지 않은 채로 관계를 유지하고 있습니다. 사랑이라는 게 처음엔 불같은 사랑이 6개월, 1년씩 지속되지만 그 이후에 사랑을 계속 할 수 있는 건 서로 믿고 이해하며 만들어 가는 거라고 저는 생각합니다. 그렇게 그 사람이 저를 여자 주인공으로 만들어 주거나 제가 제 연인을 남자 주인공으로 만들어야 하는 게 연인 사이인 거라 생각합니다. 그런데 요새는 그런 역할을 하는 것이 피로하게 느껴집니다. 이런 걸 권태기라고 해야 할까요? 그래서 지금 그 사람과 저는 3개월째 공백기를 두고 만나지 않고 있습니다. 그렇지만 앞으로 어떻게 해야 할지 고민이 됩니다. 이제는 결혼이라도 해야 되는 걸까요?

이런 식으로 결혼을 하게 되면 그것은 늑대에게 쫓겨서 호랑이 굴에 들어가는 거죠. 급하다고 아무 데나 들어가면 더 훅 가요. 중요한 건, 아무리 아름다운 영화도 언젠가는 끝난다는 거죠. 단편영화일 수도, 두 시간 반짜리 장편영화일 수도, 대하드라마일 수도 있죠. 하지만 영화는 끝나요. 끝난 거예요. 뭘 이렇게 어렵게 생각해요? 지금 본인이 지겹다는 걸 알고 있잖아요. 15년 동안 그분과 잘 지내셨죠? 그럼 된 거예요. 사랑이 영원하다는 건, 꽃이 피었다는 거예요. 그것은 질적인 비약을 이야기하는 것이지, 시간적인 지속을 이야기하는 것은 아니에요. 영원한 사랑이란 정확히 말해 너무나 강렬해서 영원히 온몸에 각인된 사랑을 했다는 것을 이야기하는 겁니다.

플라스틱으로 만든 꽃, 그러니까 조화造花를 원하세요? 우리는 조화를 원하는 게 아니잖아요. 우리의 사랑이 꽃 폈다는 것이 중요하지, 지는 게 중요한 건 아니에요. 질 것 같아서 꽃을 피우지 않는 것처럼, 헤어질 것 같아서 사랑하지 않는 게 제일 바보죠. 수차례 강조하지만 사랑이 몇 시간 동안 지속되었는지, 몇 년 지속되었는지는 중요한 것이 아니에요. 이 세상의 모든 존재는 언젠가 무너지는 모래성처럼 소멸하기 마련이지요. 우리가 하는 사랑이 정말로 불사불멸不死不滅하기를 바라는 것은 너무나 터무니없는 일 아닌가요? 헤어질 때가 오면 헤어져야 되거든요. 아까도 얘기했지만, 헤어지게 되어 있어요. 영화는 끝날 테니깐. 그럴 때 우리가 그렇게 얘기해야 하는 거죠. 내 인생에서 15년 동안을 너무 행복하게 해 줘서 고맙다고요.

다른 방법을 알려 드릴까요? 결혼해서 15년의 기억 속에서 살 수도 있어요. 현재는 못 살지만 과거를 추억하면서 살 수는 있는 거죠. 이것도 괜찮겠어요?

상대방을 만나지 않았던 3개월 동안 힘드셨나요? 힘들지 않았잖아요. 헤어졌으면 힘들어야 되는데 그렇지 않았죠. 지금 본인이 정리하고 있는 거예요. 조금 지나면 4개월이 될 거예요. 5개월이 되고, 6개월이 될 거예요.

사랑의 영원함이라는 건, 꽃이 피었는지 피지 않았는지를 표현하는 말이에요. 우리가 가장 불행하다고 할 수 있는 건, 같이 지내면서도 한 번도 꽃을 피운 적이 없는 경우죠. 주인공이 된 경험도, 둘이 된 경험도 없는 겁니다. 경제적으로 비슷하고 세계관도 같은 사람을 만나서 그냥 사는 거예요. 사실 그런 커플이 더 많아요. 하지만 본인은 둘이 되는 경험을 했잖아요? 그러면 행복한 거예요. 박수 받을 만하죠.

지금은 정으로 지내시는 거예요. 정으로 지낸다는 것은 습관적으로 지낸다는 겁니다. 서로 놔 주세요. 놔 줘야 될 때가 온 거예요. 남자 친구도 그럴 거예요. 내가 사랑이 식을 때 상대방도 식어요. 상대방이 식었을 때 나는 머릿속에서 저항하고 있지만 나도 식은 거예요. 같이 가거든요. 사랑이 식은 그 사람을 이상하게 생각하지 맙시다. '이렇게 활짝 폈던 꽃이 어떻게 질 수가 있지?'라고 생각하지 말자고요. 그저 그렇게 사랑이 시작되서 갑자기 주인공이 되고, 갑자기 영화는 끝나는 거예요. 예측대로 끝나는 것만도 아니고요.

지금 불혹의 나이죠? 불혹의 뜻이 뭔지 아세요? 불혹이라는 말의 '혹惑'이라는 글자는 '혹시'의 혹이에요. 그러니까 마음에 '혹시나' 하는 생각이 없는 걸 불혹不惑이라고 해요. 그런데 지금 '혹시나' 하고 있는 거거든요. '혹시나' 하지 마세요. 지금 스스로 알고 계시잖아요. 그냥 '역시!' 하세요. 괜찮아요. 상관없어요. 상대방도 그럴 겁니다. 그러니 나중에 만났을 때 거짓말하지는 말아요. 그러면 일 복잡해지는 거예요. 실제로는 서로 없어도 살만 했는데 괜히 서로 보고 싶었다고 말하면 일이 또 꼬여요. 상대방을 언젠가 한번은 만나실 거잖아요. 그때 먼저 말하지 마세요. 만나서 식사를 할 때 두 분이 성숙한 분들이라면 아무 얘기도 하지 않고 밥만 먹고 헤어질 거예요. 누군가 말을 하면 거짓말일 거예요. 15년은 안타까운 시간이라서 위안을 하려고 할 거예요. 그런 이야기들이 나오지 않았으면 좋겠어요. 불혹이잖아요.

섹스 후에 남는 것들

이성과의 관계에서 성적인 부분을 크게 보지 말아야 한다면, 가장 중요하게 봐야 할 건 뭔가요?

성적인 것은 상대방의 많은 요소 가운데 하나입니다. 남편이 하반신 불구가 됐을 때 헤어지지 않는 경우 있죠? 성적인 부분이 크게 보이는 건, 미성숙한 사람들이 하지 말라고 하면 더 집중하는 것과 같은 효과예요. 사회적으로 함부로 키스하지 말라고 한다고 쳐 보죠. 사실 키스하는 건 별것도 아닌 건데, 사회적 풍습에서 키스를 했다는 게 무슨 의미이고 서로 사랑을 나눴다는 게 무슨 의미인지, 거기에 집중을 하게 되죠. 그래서 되물어 보는 거예요. 꽃을 피울 사람인가 아닌가, 당분간 사랑할 사람인가 아닌가. 그걸 결정하는 결정적 기준은 그 사람과 사랑을 나눈 다음 날 아침에 알 수 있어요. 사랑하는 사람이 생기면 우리에게는 성적인 갈구가 있어요. 우리는 성적인 부분에 억압되어 있기 때문에 그걸 어느 정도 충족한 다음에, 그 사람에게 무엇이 남는지를 봐야 돼요. 그런 정도로만 중요한 거예요.

어쩌면 우리가 자연스럽게 사랑하고 키스하고 성적인 표현을 하면 큰 문제는 되지 않을 거예요. 그런데 우리는 섹스라는 문제에 집중하잖아요. 결혼 생활을 했는데 '속궁합'이 안 맞는다고 헤어지는 경우 있죠? 두 사람은 포르노의 주인공인 거예요. 두 사람이 결혼하고 가정을 이룬 건 합법적인 모델을 차린 것에 불과해요. 섹스를 지속적으로 나눴을 때 상대방이 나에게 어떻게 다가오는지를 보세요. 사랑을 끝내고 나서 입 닫치고 있는지, 각자 잠을 자거나 일한다고 노트북을 켜는 사이인지, 아니면 수다를 떨고 같이 산책을 가는 사이가 되어 있는지요. 성이라는 착시 효과 때문에 사랑이라고 착각하는 사이도 있을 수 있거든요. 그게 우려되는 거예요.

하반신이 불구가 되어도 사랑할 수 있다는 게 무슨 이야기인지 아시겠죠? 그 두 사람에게 6개월이 지나고 2년이 지나면 호르몬의 분비가 떨어진다는 이야기가 무슨 의미가 있겠어요. 하반신이 불구라 호르몬을 쓸 데가 없잖아요. 그래도 살 수 있어요. 그래도 저 사람은 나를 주인공으로 만들어 주니까요.

섹스가 매력적인 건, 상대방이 나를 함부로 대하는 게 아니라 나를 너무나 예쁘게 만져 주기 때문이에요. 섹스라는 것을 통해서도 상대방이 나를 주인공으로 만드는지 아닌지를 생각해야 되는 거예요. 말을 섞는다는 것도 하나의 표현 양식이고 우리가 관계를 맺는 겁니다. 몸으로 만지는 것도 관계를 맺

우리가 어떤 사람을 갖는다는 건 성적인 소유를 얘기하는 게 아니라
그 사람을 모든 면에서 주인공으로 만든다는 거예요. 거기에 성도 포함돼요.

는 건데, 우리가 관계를 맺으면서 성적인 것에만 집중하기 때문에 문제가 되는 거죠. 중요한 부분이고 중요하다는 걸 부정하는 건 아니에요. 하지만 그것만으로는 유지가 안 돼요.

성적인 부분에 집중을 하다 보면 여러분들이 착시에 빠져요. 한 번 딱 키스하고 '영원한 내 남자다' 그런 거 아니거든요. 예를 들면 육체적인 것도 중요하지만 그만큼 정치적 견해도 중요해요. 영화를 볼 때도 같이 봐야 좋잖아요. 난 김기덕이 좋은데 상대방은 김기덕 싫다고 월트 디즈니 만화만 계속 보고 있을 수도 있어요. 그러니까 다른 요소들도 다 봐야 하는 거예요.

사랑을 하고 사랑을 나눠 봐요. 성적인 욕망 때문에 우리가 사랑할 수도 있어요. 그 유혹에 빠지면 충족이 되고 나서 관계는 끝나는 거예요. 그래서 위험하다는 거죠. 그 유혹에 빠져서 결혼을 할 수도 있어요. 너무 성급하게 결정을 하지 말자고요. 성이라는 게, 복잡한 거예요. 내가 이 음악을 좋아하고 이 영화를 좋아하고 이 거리를 좋아하고 이 카페를 좋아하는, 이 정도의 의미예요. 성을 과대 해석하지 마세요. 성적인 게 붕괴했더라도 나머지 기관들은 붕괴하지 않는다고요. 나머지 기관들이 다 주인공이 되어 줘요. 우리가 어떤 사람을 갖는다는 건 성적인 소유를 얘기하는 게 아니라 그 사람을 모든 면에서 주인공으로 만든다는 거예요. 거기에 성도 포함돼요.

성기가 나인가요? 성기는 나의 일부분이에요. 물론 일부분만 보고 사랑해도 돼요. 저 사람 배꼽이 예뻐서 사랑해도 돼요. 하지만 배꼽이 붕괴되면 심각해지겠죠. 그러니까 모든 면에 서로 둘이 되는 거예요. 섹스라는 것도 마찬가지예요.

자, 이제 마무리로 들어갈게요. 처음에 이야기했던 김수영의 시 〈죄와 벌〉에서처럼 자기 우산 아끼면 누구를 미워하지 못하고, 남이 볼까 생각하면 진짜 미워하지 못하죠. 자기가 다 망가지고, 법에 의해 구속이 되는 것까지 감당해야 진짜 미워할 수 있다고 그러잖아요. 사랑도 마찬가지예요. 제3자가 눈에 들어오면 안 돼요. 우산도, 남의 시선도, 그 무엇도요. 사랑이라는 감정 자체가 주인공의 감정이니까요. 돌아보면 우리는 사랑을 너무 감당하기 힘들어 합니다. 그러니까 둘 사이에 제3의 요소가 계속 개입을 하죠. 상대방의 돈, 집, 부모, 학력이나 학벌도 들어와요. 그만큼 사랑을 못 하는 거예요.

우리가 진짜 둘로 섰다는 경험을 하는 순간, 그때 우리는 꽃필 거예요. 그런데 제가 만나 본 대부분의 사람들이 꽃핀 척하고 살아요. 저 역시 꽃을 못 피워 봤어요. 그래서 이게 얼마나 안타까운 일인지 알아요.

나를 진짜 주인공으로 만들 어떤 사람을 죽을 때까지 꿈꿔야 돼요. 김수영의 시와 바디우의 이야기만 가지고 계세요.

가지고 계시면 될 거 같아요. 언젠가 제대로 사랑을 경험하는 순간, 김수영과 바디우의 속내를 제대로 알게 될 테니까요. 또 잘 모르겠다면 김수영과 바디우를 흉내라도 내세요. 그렇게 하면 아마 제대로 사랑하게 될 거예요. 이건 행복의 문제거든요. 혼자서 주인공이라고 하고 있으면 사람들이 미쳤다고 해요. 그러니까 주인공이 되어야 해요. 나를 주인공으로 만들 사람들을 찾는 건, 나의 행복을 지키겠다는 각오입니다. 타협하지 마세요. 돈으로 학위로 미래로 타협하지 마세요. 타협하지 말고 진짜 주인공으로 한 번은 살아요. 아셨죠? 이건 우리가 행복하려고 하는 거예요. 우리는 헌신하는 사람들이 아니에요. 내가 널 주인공으로 만들면 너도 나를 주인공으로 만드니까, 상대방을 주인공으로 만들어 주는 거예요. 상대방에게 헌신을 해서 나에게 그게 돌아오게 하는 거지요. 잊지 마세요. 행복해집시다.

사랑, 목숨을 건 타자에로의 비약

새로운 시간을 입력하세요
그는 점잖게 말한다

노련한 공화국처럼
품안의 계집처럼
그는 부드럽게 명령한다
준비가 됐으면 아무 키나 누르세요
그는 관대하기까지 하다

연습을 계속 할까요 아니면
메뉴로 돌아갈까요?
그는 물어볼 줄도 안다
잘못되었거나 없습니다

그는 항상 빠져나갈 키를 갖고 있다
능란한 외교관처럼 모든 걸 알고 있고
아무것도 모른다

이 파일엔 접근할 수 없습니다
때때로 그는 정중히 거절한다

그렇게 그는 길들인다
자기 앞에 무릎 꿇은, 오른손 왼손
빨간 매니큐어 14K 다이아 살찐 손
기름때 꾀죄죄 핏발선 소온,
솔솔 꺾어
길들인다

민감한 그는 가끔 바이러스에 걸리기도 하는데
그럴 때마다 쿠데타를 꿈꾼다

돌아가십시오! 화면의 초기상태로
그대가 비롯된 곳, 그대의 뿌리, 그대의 고향으로
낚시터로 강단으로 공장으로
모오두 돌아가십시오

이 기록을 삭제해도 될까요?
친절하게도 그는 유감스런 과거를 지워준다
깨끗이, 없었던 듯, 없애준다

우리의 시간과 정열을, 그대에게

어쨌든 그는 매우 인간적이다
필요할 때 늘 곁에서 깜박거리는
친구보다도 낫다
애인보다도 낫다
말은 없어도 알아서 챙겨주는
그 앞에서 한없이 착해지고픈
이게 사랑이라면

아아 컴―퓨―터와 씹할 수만 있다면!

― 최영미, 〈Personal Computer〉

사랑의 역설:
알지 못하는 누군가에게 자신을 건네다

사랑에는 놀라운 비밀이 하나 있습니다. 우리는 타자를 알아서 사랑을 하는 것이 아니라 사랑에 빠지면서 타자를 알아 가게 됩니다. 매우 흥미로운 일 아닌가요? 사랑이 우리 삶에서 가장 결정적인 사건일 수 있는 이유는 바로 여기에 있습니다. 무엇인가를 알아 가려면, 우리는 무엇보다도 먼저 그것을 사랑해야만 합니다. 이것은 단순히 연애에만 통용되는 건 아닙니다. 가령 대학의 전공을 선택할 때도, 혹은 여행지를 결정할 때도, 우리는 전공이나 여행지에 대해 별반 아는 것이 없습니다. 아주 작은 정보 하나로 자신의 경로를 결정하기 때문입니다. 좋아하는 선배가 불문학과에 다니기 때문에 자신도 불문학을 좋아할 수 있지요. 혹은 보들레르Charles Baudelaire의 시에 심취했기 때문에 프랑스 파리로 여행 짐을 쌀 수도 있습니다. 불문학과에 들어가서 불문학을 배우면, 혹은 파리에 도착해서 여행을 하면, 우리는 불문학의 세계나 파리라는 도시를 조금씩 알게 됩니다.

물론 비극적인 상황이 벌어질 수도 있습니다. 직접 불문학을 배우고 알게 되면서, 우리는 자신이 사랑했던 것과는 불문학이 매우 다르다는 사실을 알고 자신의 결정을 후회할 수도 있습니다. 혹은 파리를 여행하면서 우리는 그곳이 자신이 꿈꾸었던 파리와는 매우 다르다는 것을 알 수도 있을 겁니다. 그렇지만 잊지 말아야 합니다. 불문학에 대한 사랑이 없었다면, 불문학이 자신에게 맞지 않는다는 사실도 알 수 없었으리라는 것을요. 그리고 파리에 대한 사랑이 없었다면, 파리가 자신의 정서에 거북한 도시라는 사실도 알 수 없었으리라는 것을 말이지요. 이처럼 사랑은 우리를 새로운 것, 혹은 낯선 것들을 경험하게 하는 원동력이 될 수 있습니다. 사랑은 사랑하는 대상에 대한 몰입과 호기심을 낳고, 그것이 마침내는 사랑하는 대상에 대한 앎으로 이끌기 때문입니다. 물론 사랑하는 대상을 알면서 우리의 사랑은 기쁨으로 더 충만할 수도 있습니다. 아니면 불행히도 우리의 사랑은 환멸에 이르고 마침내는 그 사랑마저 사라질 수 있습니다.

사랑의 역설은, 알지 못하면서 누군가에게 자신을 건넨다는 데 있습니다. 그렇기 때문에 사랑은 키에르케고르Søren Kierkegaard가 말했던 것처럼 '목숨을 건 비약Salto Mortale'일 수 있습니다. 그렇지만 목숨을 걸 만하지 않은가요? 만약 타자로의 비약이 성공한다면, 우리는 '죽어도 좋을 정도'의 행복에 젖어 들 수 있기 때문입니다. 이 대목에서 우리는 현대 일본의 철학자 가라타니 고진柄谷行人의 논의를 살펴볼 필요가 있습니다. 그는 공동체와 사회를 구분했는데, 그의 논의가 사랑의 비밀을 이해하는 데 많은 도움을 줄 수 있기 때문입니다.

규칙이 공유되는 공동체 내부에서는 나와 타자가 대칭적인 관계에 있고 '교환=커뮤니케이션'은 자기대화Monologue일 뿐이다. 한편 비대칭적인 관계에서의 '교환=커뮤니케이션'은 끊임없이 '목숨을 건 도약'이 수반된다. 나는 또한 이러한 비대칭적 관계 속의 교통으로 이루어지는 세계를 '사회'라 부르고 공통의 규칙을 가진, 따라서 대칭적 관계 속에 있는 세계를 '공동체'라고 불러 왔다.

— 《탐구 Ⅱ》

　고진에 따르면 우리는 타자와 대칭적 관계에 있을 수도, 비대칭적 관계에 있을 수도 있습니다. 대칭적 관계란, 자신의 모습을 거울에 비추어 보는 것처럼, 타자가 어떤 속내를 가지고 살아가는지 자신에 미루어 알 수 있는 관계라고 할 수 있습니다. 이 관계는 행동하고, 느끼고, 생각하는 규칙이 공유되기 때문에 가능한 것이지요. 반면 비대칭적 관계란 이와는 달리 타자의 속내가 검은 심연처럼 헤아릴 수 없는 경우에 발생하는 관계라고 할 수 있습니다. 이것은 두 사람 사이에 공통된 규칙이 없기 때문에 벌어지는 현상이지요. 가라타니 고진은 타자와의 대칭적 관계에 있을 때 우리가 공동체에 속해 있고, 반면 타자와 비대칭적 관계에 있을 때 우리가 사회에 속해 있다고 말합니다. 조금 어렵나요? 그렇다면 같은 직장이나 학교의 선후배로 만나는 두 사람을 예로 들어 보지요.
　직장의 규칙이나 학교의 규칙에 따라 선배는 후배의 행동이나 속내를, 혹은 후배는 선배의 그것을 미루어 짐작할 수 있습니다. '일을 과하게 맡겼더니, 짜증을 내는군.' '업무를 신속하게 처리했더니, 만족스러워하네.' 이것이 바로 공동체에서 일어나는 대칭적 관계이지요. 그렇지만 두 사람이 사랑에 빠지게 되면, 사정은 180도 변하기 마련입니다. 두 사람은 상대방이 무슨 음악을 좋아하는지, 어떤 작가를 좋아하는지, 휴일에 무엇을 하고 보내는지 전혀 알지 못하고 있다는 사실을 발견하게 될 것입니다. 지금까지 상대방에게 커피를 사 주었는데, 과연 그가 커피를 좋아해서 마신 것인지, 인간관계 때문에 마신 것인지조차 궁금해지기 마련입니다. 이것은 사랑에 빠진 사람이라면 누구나 느끼게 되는 당혹감입니다. '아! 저 사람에 대해 안다고 생각했는데, 사실 아는 것이 별로 없구나!' 이제 두 사람은 서로를 알아 가야 하는 비대칭적인 관계, 즉 사회에 속하게 된 것입니다.

사랑과 자유의 상관관계

여기서 한 가지 궁금한 것이 있습니다. 사랑은 왜 비대칭적 관계로 시작되는 것일까요? 불문학을 사랑하거나 환멸을 느끼는 것이나, 파리를 좋아하거나 싫어하는 것은 철저하게 나만의 문제입니다. 그렇지만 타자를 사랑하는 경우는 아주 다릅니다. 내가 타자를 사랑했을 때 불행히도 그는 나에게 전혀 눈길을 주지 않을 수도 있고, 혹은 내가 타자에게 별다른 관심이 없을 때 그는 나를 열정적으로 사랑할 수도 있기 때문입니다. 아직

나의 사랑은 열정으로 가득하지만, 타자의 사랑은 알지 못하는 사이에 조금씩 잿빛으로 식어 들어갈 수도 있지요. 혹은 타자가 나 대신 다른 사람을 사랑하게 될 수도 있고요. 불문학과 파리는 자신의 자리에 머물며 변치 않지만, 살아 있는 인간으로서 타자는 계속 변할 수 있고 마침내는 나를 떠날 수도 있는 존재입니다. 타자는 나를 사랑할 수도, 나를 미워할 수도, 그리고 불행히도 나를 버릴 수도 있는 존재입니다.

어떻게 이런 일이 가능할까요? 타자는 죽어 있는 사물과는 달리 살아 있는 존재이자 생각하는 존재이기 때문입니다. 그래서 타자는 나와 다른 생활, 감정, 그리고 생각을 영위할 수 있습니다. 사르트르Jean-Paul Sartre는 자신의 주저 《존재와 무》에서 사물들을 '즉자卽自, En-Soi'라고 하고, 인간을 '대자對自, Pour-Soi'라고 이야기했던 적이 있습니다. 모든 사물들이 즉자, 즉 '자신自에게 맞닿아卽 있는' 존재라면, 인간은 '자신自에 거리를 두고 맞서고對 있는' 존재라는 겁니다. 다시 말해 인간은 자신을 낯설게 성찰할 수 있는 거리를 만들 수 있다는 겁니다. 이처럼 반성할 수 없는 돌멩이나 파리와는 달리 인간은 자신의 삶을 반성하면서 새로운 삶을 결정할 수 있는 자유를 가지고 있습니다. 결국 타자가 나를 사랑하기로 한 것도, 그리고 나를 버리기로 한 것도 모두 그가 자유를 가지고 있기 때문에 가능했던 일인 것이지요.

타자가 자신의 자유에 입각해서 나를 사랑하기로 결정했을 때도 있고, 아니면 부모나 제3자의 압력에 의해 나를 사랑하려고 할 때도 있습니다. 두 경우 중 어느 경우에 우리는 더 큰 행복을 느낄까요? 당연히 전자의 경우일 겁니다. 그렇지만 타자가 자유롭게 나를 사랑하기로 결정할 수 있었던 것처럼, 그는 자유롭게 나를 떠나기로 결정할 수도 있는 것 아닐까요? 어느 경우든 그것은 타자가 인간으로서 누릴 수 있는 자유를 실현한 것이니까요.

불행과 상처의 가능성을 감당하는 용기

그렇지만 타자가 자유롭게 나를 사랑하는 것은 행복이지만, 나를 자유롭게 떠나도록 허락하는 것은 너무나 힘든 일입니다. 진정한 불행이자 치유할 수 없는 상처로 남을 테니까요. 이런 불행과 상처를 원초적으로 피할 수 있는 방법은 없을까요? 다른 말로 이 질문을 더 정직하게 바꾸어 볼까요? 배신당할 염려 없이 사랑할 수 있는 방법은 없을까요?

돌이나 책과 같은 죽은 사물, 그러니까 자유가 없는 사물을 사랑하는 것도 하나의 방법일 겁니다. 그렇지만 돌이나 책은 전혀 변화가 없기 때문에 사랑의 다채로움과 변덕을 즐기려는 우리를 만족시켜 줄 수 없습니다. 최영미 시인은 컴퓨터, 혹은 노트북과의 사랑에 몰입합니다. 컴퓨터는 '필요할 때 늘 곁에서 깜박거리고, 말은 없어도 알아서 챙겨 주는' 존재이기 때문입니다. 그래서 시인은 컴퓨터가 '친구보다도 낫고, 애인보다도 낫다'고 생각하며, 나아가 컴퓨터와의 섹스도 꿈꾸게 되었던 겁니다. 최영미 시인이 컴퓨터와 사랑에 빠진 이유는 다른 데 있는 것이 아닙니다. 컴퓨터와 달리 타자는, 그녀의 친구나 애인은 그녀가 필요로 할 때 옆에 없을 수도 있습니다. 나아가 타자는 경황이 없다는 이유로 그녀를 돌볼 생각마저 하지 않을 수 있습니다. 왜 그럴까요? 그건 친구나 애인은 자신만의 삶, 감정, 그리고 최종적으로 자유를 가지고 있기 때문입니다.

　물론 집에 마치 바위처럼 육중하게 고정되어 있는 데스크톱 컴퓨터보다는 노트북이 사랑의 짝으로는 더 좋을 겁니다. 가볍고 심플해서 누구에게든 자랑하고 싶은 멋진 몸매를 가지고 있기 때문이지요. 어쨌든 자신이 사랑하는 것, 혹은 자신을 사랑하는 것이 멋지다면, 누구든지 그것을 자랑하고 싶을 테니까요. 무선 인터넷이 발달하면 할수록 최영미 시인의 후예들이 하나둘씩 드러나고 있는 실정입니다. 노트북은 위트 있는 개그맨처럼 우리를 웃기고, 감동스런 동영상을 보여 주면서 우리를 울리고, 때로는 나의 속내를 그대로 자신의 마음속에 담아 두

기까지 하니까요. 노트북은 우리의 욕망, 투정, 변덕을 그대로 수용하는 가장 완벽한 애인인 셈입니다. 더 이상 카페에서 타자와 만나, 그로부터 상처를 받을 필요는 없습니다. 노트북은 우리에게 상처를 주지 않습니다. 심지어 그는 우리가 가하는 상처를 아무런 투정도 없이 그대로 수용하기까지 합니다.

노트북을 열 때, 우리는 타자를 사랑하면서 생기는 불행과 상처의 가능성을 신경 쓸 필요가 없게 됩니다. 더군다나 노트북이 인터넷을 통해 제공하는 화려한 볼거리들은 우리에게 지루할 틈조차 주지 않습니다. 얼마나 훌륭한 애인인가요? 나를 버리지도 않을 뿐더러 나의 욕망을 언제든지 충족시키는 애인이니까 말입니다. 그렇지만 노트북과 사랑에 빠질 때, 우리는 과연 진정한 행복을 얻을 수 있는 것일까요? 나를 떠날 수도 있는 자유를 가지고 있음에도 타자가 나의 곁에 머물 때, 우리는 인간으로서 누릴 수 있는 가장 큰 기쁨을 누릴 수 있는 것은 아닐까요? 불행의 가능성이 있기 때문에, 타자와의 사랑을 통해서 얻을 수 있는 행복은 다른 것과 비교할 수 없을 정도로 매력적으로 다가오는 법입니다. 이제 노트북에 대한 유아론적 사랑을 벗어던지고, 상처와 불행의 위험을 감당하면서 타자에로의 '목숨을 건 비약'을 할 때입니다. 비록 비약이 실패할지라도, 진정한 행복을 꿈꾼다면 우리에게는 다른 선택의 여지는 없을 겁니다.

이번 테마는 '몸'입니다. 이 테마를 준비하면서 메를로 퐁티Maurice Merleau-Ponty부터 장 뤽 낭시Jean Luc Nancy까지 다 다시 읽었는데, 사연을 받아 보고 쓸데없는 짓을 했다는 걸 알았어요. 사연들 대부분이 성性과 관련된 것들이었어요. 질문들을 받아 보고, '우리 사회가 왜 이렇게 음란한 것인가' 하는 생각이 들었습니다. 우리가 성적인 것에 이토록 집중하는 이유는 사회가 성을 터부시해 왔기 때문이겠죠. 인간은 금지된 것을 주로 욕망하고, 금지된 만큼 생각하는 법입니다. 호기심이 탁월한 존재라고도 할 수 있고, 좋게 말한다면 모험을 즐기는 존재가 인간인 것도 이런 이유에서입니다. 그래서 금지된 것, 도달하기 힘든 것, 갖기 힘든 것만이 우리의 시선을 붙잡습니다. 그러니 몸에 대한 고민도 주로 사회가 금기시하고 부끄러워하는 섹스와 관련된 것에 집중되어 있는 것이지요. 그렇더라도 몸이란 무엇인가에 대해 먼저 생각해야만 합니다. 몸이 없다면 섹스는 존재할 수도 없으니까 말입니다.

몸과 마음은 함께 간다

기본적으로 몸은 담론에서 배제되어 있어요. 동양, 서양할 것 없이 몸과 관련된 것은 다 나쁜 것이라는 인식이 있죠. 우리가 살아 있다는 것은 사실 몸을 가지고 있기 때문인데도 그렇습니다. 기독교 전통만 하더라도 영혼은 중요한 것으로 여기고, 몸은 당연히 폄하해 왔어요. 유학 전통도 마찬가지고요. 동서양 전통 중 대부분이 성이나 섹스를 부정적으로 보는 것도 이런 이유에서인지도 모릅니다. 또한 인간의 몸이 정신보다 열등하다는 인식도 당연시되어 왔죠. 그리고 몸의 능력이 강화되면 정신의 역량은 떨어진다는 인식도 남아 있습니다. 정신이 강해지면 몸은 또 약해진다는 거죠. 한마디로 몸과 정신은 반비례 관계에 있다는 생각입니다. 과연 이 생각은 옳은 것일까요? 주로 고민해야 할 것이 바로 이 문제입니다.

학창 시절에 시험 공부하면서, 정신의 능력을 극대화한다고 밥 안 먹었던 것 기억나시죠? 밥을 많이 먹었다가는 졸릴 거라고 잘 안 먹었죠. 이건 우리가 인식하지도 못 하는 사이에 몸과 관련된 과거의 오래된 생각에 지배당하고 있다는 것을 보여 줍니다. 하지만 과연 그럴까요? 밥을 안 먹고 공부를 해보신 분은 알겠지만, 배가 고프면 공부가 잘 되는 것 같지만 막상 시험을 볼 때는 그다지 공부한 게 떠오르질 않아요. 밤샌 거랑 비슷하죠. 밤새면 기분은 좋아요. 시험 범위를 다 봤으니까요. 그런데 다음날 아침에 시험을 보면 결과는 그다지 좋지 않죠. 시험을 보기 전에 밤을 샌다는 건 정신이 명료해지는 게 아니라 자기 몸을 학대해서 멍 때리는 상태에 이르는 겁니다.

말하자면 걱정이 안 되는 거죠. 몸이 건강한 상태에서 시험공부를 안 하면, 걱정도 아주 왕성해져요. 그런데 몸이 많이 피곤하고 밤도 새면, 공부를 안 해도 뭔가 편안한 마음이 들지 않나요? 그게 멍 때리는 거예요. 이 메커니즘을 이용하는 게 단식원, 금식원이죠. 한참 밥을 안 먹으면 신을 본 것 같기도 하고, 착시 효과를 겪게 되거든요. 몸을 학대하면서 얻는 효과는 아무것도 없는데도 묘한 착란 현상을 일어나게 하는 거죠. 술 마시는 거랑 비슷해요. 술 마시면 어떻게 되죠? 낮에 있던 걱정과 고뇌가 봄눈 녹듯이 사라지는 것 같지 않나요? 심지어 최근 갈등상태에 있는 친구나 애인과의 대화도 부딪히는 술잔에 따라 부드러워지는 것을 느끼게 됩니다. 하지만 술을 마셔서 문제나 고뇌가 해결되는 것이 아니죠. 그냥 마음이 멍해지고 단순해지는 것 뿐이에요. 한마디로 아이큐 130의 정신 능력이 아이큐 70으로 순간적으로 떨어지니, 세상과 자신이 모두 순간적으로 단순해진다는 겁니다.

잊지 마세요. 몸과 마음은 같이 간다는 사실을요. 다시 말해 몸과 마음은 반비례 관계에 있는 것이 아니라 비례 관계에 있다는 겁니다. 그러니까 육체를 억압한다고 정신의 힘이 강해지는 것이 아니에요. 오히려 '건강한 육체에 건강한 정신이 깃든다'라는 이야기가 사실에 부합된다고 할 수 있죠. 여행을 다녀 보신 분은 알 거예요. 몸이 피곤할 때 여러분의 판단력이 얼마나 흐려지는지요. 이혼하신 분들도 아실 겁니다. 이혼하신 분들 많이 다뤄 보셨죠? 싸울 때 우리가 진짜 피해야 될 것은 그 사람이 오기 전에 절대 전의를 불태우면 안 된다는 겁니다. 밥도 잘 먹고 잠도 자야 돼요. 그래야 그 사람이 왔을 때 제대로 싸울 수 있죠. 그런데 많은 분들은 화를 버럭버럭 내고 밥도 안 먹다가 그 사람이 올 때가 되면 지쳐 버리죠. 그러고는 대충 더 살아 보자고 합의를 보는 분들이 있을 거예요. 몸이 건강해야 판단력이 탁월해져요.(웃음)

몸과 정신은 함께 갑니다. 정신 상태가 상당히 안 좋다면, 몸 상태도 상당히 안 좋은 거예요. 정신적 문제를 몸과 나누어서 생각하면 안 되는 거예요. 사람의 몸과 정신은 하나거든요. 그래서 여러분들이 정신적으로 문제가 있다거나 무언가를 의심하거나 우울한 증세가 있다면, 일차적으로는 운동을 하면서 해결을 할 수 있어요. 강건하게 운동을 하면 100퍼센트 해결이 되죠. 어렵지 않아요. 정신에 문제가 생기면 몸에, 몸에 문제가 생기면 정신에 집중하는 것이 좋습니다. 예를 들면 갑자기 사고를 당해서 다리를 못 쓰게 됐을 때, 그걸 응시하게 되면 약한 몸 상태를 계속 응시하니 정신도 약해지거든요. 그럴 때 정신의 힘을 강화하는 쪽이 더 나은 경우가 있어요. 그래서 하나의 실천적인 조언을 드릴게요. 정신적인 문제가 있다면, 집에 처박혀 있지 말고 몸을 움직이고 써야 합니다. 그리고 몸에 문제가 있을 때는 몸에 연연하기보다 정신적인 문제를 되돌아볼 필요가 있고요.

세계와 관계하는 특이한 물질

우리가 또 생각해 봐야 할 게 '몸'이라는 건 사실 존재하지 않는다는 거예요. 남자의 몸, 여자의 몸만 존재해요. 저는 몸을 본 적이 없어요. 몸이라는 걸 중립적으로 사유하면 안 돼요. 이렇게 비유할 수 있죠. 일본 사람들도 보셨죠? 중국 사람들도 봤죠? 흑인이나 백인도 봤죠? '사람'을 보신 적 있나요? 여기 여자 분도 있고 남자 분 있죠? 그러니까 여자의 몸이 있고 남자의 몸이 있을 뿐인 거예요. 인간의 몸이라는 것은 단지 추상에 불과할 뿐 존재하지 않습니다. 남자의 몸을 가진 사람은 여자의 몸을 잘 몰라요. 반대로 여자의 몸을 가진 사람은 남자의 몸을 모르는 거예요. 그런데 이게 신기해요. 여자인 꼬마 아이가 자라면서 자기 신체가 남자 아이들과 다르다는 느낌을 갖죠. 예를 들면 남자 아이는 돌출된 성기를 가지고 있잖아요. 가만히 보면서 생각을 하는 거죠. '도대체 이건 어디에 쓰는 물건인가?' 그 생각이 저는 참 소중하고 예쁘게 보여요. 이런 생각으로부터 우리는 자신이 남자이든 여자이든 혼자서는 존재할 수 없다는 것을 알게 되니까요. 남자의 몸은 여자의 몸으로, 여자의 몸은 남자의 몸으로 열려 있다고 해야 할까요? 철학적으로 말해서 이것은 우리가 기본적으로 관계에 열려 있는 존재라는 것을 보여 준다고 할 수 있지요. 그러니까 우리가 가지고 있는 몸이라는 걸, 몸 일반으로 보지 말자고요. 그냥 여자의 몸, 남자의 몸인 거예요. 그리고 지구상에 이게 존재하고, 생명체에게 이게 존재한다는 건 소중한 거예요. 여자 혼자서는 여자의 몸이란 아무런 의미도 없고, 마찬가지로 남자 혼자서는 남자의 몸이 아무런 의미도 없다는 거예요. 그러니까 누군가와 관계를 맺을 수밖에 없는 구조가 바로 우리의 몸이라는 거죠. 흥미로운 일이지요.

몸은 물질인가요? 물질이죠. 그렇지만 몸은 세계와 관계하는 특이한 물질이라는 것을 잊어서는 안 됩니다. 여러분, 손 한번 보세요. 코 한번 보시고요. 육체는 세계와 관계합니다. 거꾸로 정신은 세계와 관계하지 못 해요. 여름이 되면 해변에 가죠? 내리쬐는 그 뜨거운 햇빛. 혀로 들어오는 와인의 달콤한 맛. 눈으로 보는 그 화려한 광경들. 정신이 거기에 무슨 개입을 해요? 여러분들이 정신에 집중해서 '누굴 사랑할까?'에 몰입하면 절대 사랑 못 해요. 안으로 갇히는 거고요. 육체라는 수단이 소중한 이유는, 몸이 세계와 연결되어 있는 유일한 도구이기 때문입니다. 그래서 몸이 죽어 버리면 다 끝나는 거예요.

몸은 물질적이지만 또 물질적이지만도 않죠. 하나하나의 몸은 구별되기에 물질적으로 보이지만, 동시에 몸은 세계와 역동적으로 교감하기에 비물질적이기도 합니다. 그렇지 않은가요? 몸이 단순히 물질만은 아닙니다. 눈에 안 보이는 작용을 너무 많이 하잖아요? 화려하고 다채로운 감각들을 먼저 생각해 봤으면 좋겠어요. 육체가 세계와 연결된 도구예요. 내가 세계에 나가고 타인과 만나는 것은 정신이 아니라 육체예요.

정신은 보수적이고 몸은 래디컬하다

정신이 잘못 작용해서 육체와 세계가 관계하는 걸 끊는 사람들이 있어요. 이게 문제가 되죠. 우리가 누군가를 만날 때 이런 경험을 할 때 있죠? '아, 저 사람 냄새 좋은데? 저 사람 껴안고 싶은데? 더 같이 있고 싶은데?' 그렇지만 정신이 대개 통제하죠. '하지 말자'라고요. 그래서 모든 보수적인 담론은 정신의 능력을 강화하려 합니다. 정신적 능력이 강화되면 자기를 관리하고, 검열하죠. 육체적 능력은 현저히 떨어지고요. 말하자면 정신은 보수적이고, 몸은 래디컬합니다. 몸은 그 사람을 원하는데 정신은 하지 말래요. 대개 정신이 하라는 경우는 없어요. 대개 말리죠. 프로이트 Sigmund Freud에 따르면 '자아 Ego'라는 게 정신인데, 나에게 혹여 피해가 되지 않을까를 고민하는 게 자아라고 합니다. 여러분들이 생각하고 판단하는 걸 보면 대개 상처받을까 봐 걱정하는 것이잖아요? 정신의 작용이 활성화되면 만지고 싶어도 못 만져요. 그리고 돌아가서 후회하죠. 키스하고 싶을 때 키스하면 되는데 우리의 정신은 그걸 말리죠. 그래서 정신은 보수적이고, 과거적이에요.

과거에 어떤 사랑의 시련이 있으면, 몸을 움직이지 못하게 해요. 스스로 그걸 못 하게 해요. '의미 없어', '똑같을 거야' 하고 생각하죠. 이것이 문제일 거예요. 정신 상태의 긴장이 풀리지 않으면 세계와 소통할 수가 없어요. 키스도 할 수 없고 손도 잡을 수 없지요. 불교에서 제일 많이 하는 얘기가 '무아無我'라는 말입니다. 강력한 자의식이 없다는 것이지만, 한마디로 맛이 가고 뿅 간 상태가 무아라고 할 수 있습니다. 황홀경이거든요. '무아지경無我之境'이라는 말이 그거예요. 무아지경은 사실 정신이 없는 상태예요. 마약 이름이기도 한데 '엑스터시Ecstasy'란 말 아시죠? 이 말의 어원이 그리스어예요. 그리스어 '엑스Ek-'라는 말이 '~의 바깥'이라는 의미이고, '스타시스Stasis'가 스테이트State 즉, 상태라는 의미예요. 내 상태에서 나간 상태, 즉 이것도 정신이 나간 상태라는 의미죠. 자신의 중심에서 보면 정신이 나가 있지만 정확하게는 무언가에 몰입하고 있는 겁니다. 몰입이 상대방의 눈빛일 수도 있고 그 사람의 살결일 수도 있겠죠. 영화에 몰입하는 것과 비슷해요.

그래서 우리가 세계를 경험하는 방법은 일단은 무아지경까지 이르러야 한다는 겁니다. 운동을 해 보신 분들은 알죠? 스스로 자기를 통제하거나 '다칠 거야, 조심해야지'라는 생각이 들지 않고, 몸만 움직이고 있는 순간들이 있어요. 그런 상태를 말하는 거예요. 수차례 강조하지만 정신과 육체, 자아와 몸의 관계를 볼 때, 몸의 진보성을 먼저 알아야 합니다. 몸의 개방성을 알아야 돼요. 몸이 먼저 움직이고, 몸이 항상 먼저 세계에 나아가요. 우리 정신은 항상 말리고요. 정신적으로 반성하거나 생각하는 게 강해질수록 육체적 능력은 현저히 떨어져요. 우선 여러분이 생각하셔야 할 공식은 이렇습니다. '몸이 세계와 연결되는 도구이고 몸은 세계에 개방되어 있다. 반면 정신은 상당히 폐쇄적이다.'

세계에 던져진 악기 하나

비유를 하자면 여러분의 몸은 악기예요. 바이올린이고 피아노예요. 여기서 무슨 소리가 날지는 모르죠. 앞으로 수천 곡의 음악이 만들어질 거예요. 여러분들은 이 세상에 그저 하나의 악기로 툭 던져진 거예요. 무슨 소리가 날까요? 그런데 무슨 소리가 나려면, 악기는 무언가에 접촉을 해야 되죠? 악기는 연주해 줄 사람을 요구해요. 어떤 연주자를 원하겠어요? '어머, 나에게 이런 소리가 나네? 이런 아름다운 소리가?' 이런 연주자를 원하겠죠. 반면 어떤 인간이 만지면 잡음이 나요. 잡음을 많이 들으면 '악기를 꺼내지 말자'는 결론에 이르기도 하고요.

스트라디바리우스Stradivarius라는 바이올린이 있습니다. 굉장히 비싸죠. 그런데 아무리 명품이더라도 악기는 연주하지 않으면, 리셋이 된다는 특징이 있어요. 그러니까 처음 제조되었을 때의 상태로 돌아간다는 거예요. 한마디로 꼬맹이가 쓰는 바이올린으로 전락하는 거죠. 스트라디바리우스라는 상표가 붙어 있으면 뭐해요? 연주되지 않는 악기는 나무토막에 줄 몇 개 걸쳐 있는 무의미한 사물에 불과하죠. 그래서 명품 악기를 소유한 사람은 연주를 잘하는 사람을 불러서 연주를 시켜야 돼요. 여러분 몸도 그래요. 사랑을 하게 되면, 누군가가 여러분 몸을 만지게 되잖아요. '어, 나에게 이런 소리가 나네? 내가 이런 악기였네?'라는 걸 보여 주는 사람을 여러분은 사랑하는 거예요. 그러니까 '정신적 사랑'이라는 말은 당연히 개소리죠. 우리가 정신적으로 '저 여자, 저 남자는 괜찮다'라는 게 뭔지 아세요? 저 남자, 저 여자는 연주를 잘할 거라는 느낌이 드는 겁니다. 그 느낌이 물씬 드는 거예요.

바이올린은 활을 기다려요. 어떤 활과도 접촉하지 않는다면, 바이올린은 존재할 이유가 없는 겁니다. 활로 켜서 아름다운 소리이든 불협화음이든 소리를 내야 바이올린은 자신의 존재 이유를 확인할 수 있을 테니까요. 이렇게 울리지 않는 바이올린은 자신이 왜 태어났는지 당혹스러울 겁니다. 그 활을 잡고 있는 것이 이성異性일 수도 있어요. 물일 수도 있어요. 바람일 수도 있어요. 음악일 수도 있어요. 이 세상의 나 아닌 모든 것들이 나를 울린단 말이에요. 항상 머릿속에 넣어 놓아야 할 것이 '우리의 몸은, 아니 나라는 사람은 악기다'라는 겁니다. 악기예요. 물질적이기도 하지만 단순히 물질적이지만은 않은 뭔가를 가지고 있어요. 그리고 우리가 잘 산다는 것은, '아, 이런 연주를 했구나'예요. 피아노의 건반은 몇 개 되지 않지만 그 건반이 조합되어 만들 수 있는 음악은 무한대일 겁니다. 하지만 여러분들이 모든 음악을 한꺼번에 연주하지는 못해요. 바라건대 여러분들이 죽기 전에 한 번의 멋진 연주는 꼭 했으면 좋겠어요. 그렇다고 해도 여러분 몸이 가진 모든 가능성을 다 실현하진 못할 거예요.

악기는 기억을 한다

바이올린 같은 악기를 연주하는 사람들은 다른 연주자의 바이올린을 빌려서 연주하기 힘들어요. 왜냐하면 그 바이올린이 그 연주자의 보잉에 길들여져 있기 때문이에요. 바이올린이란 악기의 몸체에서는 그게 보이지 않죠. 누구 손을 탔는지 보이지 않아요. 물질적이지 않은 거죠. 그렇지만 악기가 기억을 하고는 있습니다. 우리의 몸은 악기와 같다는 이야기를 했습니다. 그리고 우리의 몸은 악기처럼 기억을 합니다. 어쩌면 그런 기억을 하는 능력이 정신이라고 할 수 있을 것 같아요.

집에 애완견 키우시는 분 있으실 거예요. 그 애완견이 영원히 본인을 떠나지 못하게 할 수 있는 방법이 있어요. 먹이 주는 게 아니에요. 뒷다리 한쪽 구석, 그러니까 애완견 스스로 만질 수 없는 묘한 곳을 밥 줄 때마다 쓰다듬어 주세요. 사랑받는다는 느낌이 충분히 들게 아주 디테일하게 쓰다듬어 주세요. 많이도 쓰다듬으면 안 돼요. 보통 개의 머리를 쓰다듬어 주죠. 그러면 다른 집에 가도 적응을 잘해요. '개나 소나 다 머리 쓰다듬어 주네' 이러죠. 그런데 우측 뒷다리 그 한 자리만 1년을 쓰다듬어 주면요. 그 개를 다른 친구 집에 맡기게 됐을 때, 그 개는 뒷다리를 들게 되어 있어요. 거기 만져 달라고요. 이게 악기예요.

여러분 처음에 사랑하는 사람이랑 사랑 나누었던 것 기억하시죠? 두 번째 사람하고 사랑을 나눌 때 어떻던가요? 두 번째 사람이랑 잠자리를 갖는데 첫 번째 사람이 만져 줬던 그 부분을 지나갈 때, 이게 아주 묘해요. 이게 뭔지 아시겠죠? 이게 악기예요. 기억을 한다는 거죠. 행복했던 기억, 불쾌했던 기억, 이 모든 것들이 우리 몸에 새겨져 있다는 것이 놀랍지 않은가요?

우리 몸은 기억을 합니다. 몸은 물질이지만 물질이 아니기도 한 거예요. 심지어 우리의 생각마저도 뇌의 활동 아닌가요? 뇌에서 시냅스가 연결되어서 기억을 하는 거잖아요. 치매는 신경세포가 붕괴되는 거예요. 운동을 많이 하고 수영을 많이 하면 뇌세포가 시냅스와 연결이 돼요. 치매가 오면 이게 끊어지는 거예요. 정신이 어디 있어요? 정신은 우리가 말하고 떠들고 예측하는 것에서 실현된단 말이에요. 몸밖에 없어요. 우리의 최종 삶의 지평이죠. 사랑의 지평이고요.

그래서 가급적 좋은 기억이어야 돼요. 바이올린 배운 사람은 다 알아요. 바이올린은 소리 내는 것 자체가 힘들어요. 피아노는 '땅'이라도 하죠. 바이올린은 '끄악' 하는 소리가 처음이에요. 그 소리를 듣고 얼마나 놀랬을까요? 악기를 켜는 상대방이 너무 거칠거나 악기를 켤 생각이 별로 없을 수도 있어요. 연주를 그냥 확하고 끝내 버리는 거예요. '끽' 하고 끝, 이럴 수도 있어요. 그런데 이건 다 복불복이에요. 여러분들 중에는 추행과 관련된 기억이 있는 분도 있을 거예요. 성추행의 경험은 아주 불쾌한 소리인 거죠. 끔찍한 잡음과도 가깝고요. 억지로 소리가 난 거에요. 잡음이요. 그러면 몸을 저주하죠. 악기 그 자체를 저주해요. 바이올린이 모든 걸 거부한다는 거예요.

그래서 끔찍한 범죄죠. 반면 운 좋게도, 너무나 좋은 연주자를 만났다면 여러분들의 눈높이는 굉장히 높아져서 그 정도 수준 이상의 연주자가 나타나지 않으면 사랑을 하지 않을지도 몰라요. 당연한 거죠. 최악의 경우는 '나는 이상한 소리가 나는 것 같다. 그러니 다른 사람의 손 타면 안 된다'는 경우죠. 거꾸로 여러분들이 다른 사람의 몸을 만지는데 이상한 소리가 난다면, 그 악기가 문제인지 여러분이 문제인지 잘 생각해 보셔야 해요. 대개는 연주자의 문제예요. 여러분 자신이 사랑, 몸과 관련해서 항상 생각해 둬야 할 것들이에요.

여러분들이 두 번째, 세 번째, 네 번째, 다섯 번째 연주자를 만나고 소리를 내다 보면 여러분들은 서서히 훌륭한 악기가 될 거예요. 악기 스스로 자각을 하죠. 악기 스스로가 연주자를 고를 수 있어요. 몇 번 보면 딱 알죠. '이 사람은 내가 여섯 번째 전, 그러니까 전체 중에는 열세 번째였던 그 사람보다 절대 못한 놈이다.' 걔랑 왜 만나요? 안 해 본 사람만이 기대를 갖는다고요. 우리의 몸이 세계에 연결되어 있고 사람 몸은 악기와 같다는 것을 기억하세요. 그리고 그 악기가 누가 어떻게 자신을 켰는지 기억하면서 기대를 하게 되는 것 등의 모든 것이 정신의 작용이라고 보면 될 겁니다. 그 악기가 사라지면 소리도 사라지고 모든 것들은 없어져요. 아무 의미도 없어요. 이렇게 생각을 하시면 여러분 몸이 얼마나 중요한지, 왜 평

상시에 스스로 줄에 뭐가 묻었으면 닦아 내야만 하는지, 왜 그걸 깨끗하게 해야 되는지 그 이유를 아실 수 있을 거예요. 가장 좋은 악기가 되어야 하니까요. 가장 좋은 컨디션을 유지해야 하니까요. 가급적이면 나 자신 때문에 불협화음이 나진 않게 해야겠죠.

악기는 만져 주지 않으면 리셋이 된다

제가 하던 인문학 강의를 들으러 왔던 제자 이야기를 해 드릴게요. 오케스트라에서 플루트를 연주하는 친구인데 재밌는 얘기를 해 주더라고요. 이 친구는 플루트를 연주할 때 오르가즘을 느껴요. 너무 좋아해요. 이 친구는 악기 연습에 들어가면 남자 친구랑 헤어져요. 남자와 악기를 두고 선택해야 할 때 악기를 선택하는 친구거든요. 여러분들은 그런 대상이 있나요? 여러분 결에 맞는 활을 만나는 게 중요하잖아요. 이 친구에게는 플루트가 그런 거였어요. 이 친구가 그런 얘기를 했어요. "악기는 손을 타기 때문에 사랑스럽게 쓰다듬어 주고 만져 주지 않으면 마치 남남인 것처럼 초기화되어 버린다"라고요. 틈나는 대로 연주를 해 줘야 된다는 거예요. 이 이야기가 저를 굉장히 크게 울렸어요. '아, 맞다. 우리도 그렇구나. 우리 몸이라는 게 그렇구나'라는 생각이 들었죠.

　우리는 누군가를 사랑하고 키스를 나누고 나를 만져 주길 바라죠. 나에게서 날 수 있는 전혀 다른 소리들을 기대하는 거예요. 그래서 사랑을 하지 않게 되면, 어떤 사람의 몸과 부딪히는 관계를 맺지 않게 되면 여러분들은 끝난 거예요. 살아 있어도 끝난 거예요. 썩어 가는 거예요. 리셋이 되고 있는 거예요, 지금. 마치 금고 안에 넣어 놓은 바이올린처럼. 여러분이 사랑하는 애인도 악기죠? 그 악기를 켜지 않으면 여러분들은 그 악기를 사랑하는 게 아니에요. 애인을 뒀는데 1년 동안 키스 한 번 안 하고 껴안지도 않는다면, 이미 리셋은 끝난 거예요. 옛날에 만졌다는 그 기억은 아무 의미 없어요. 악기를 만지지 않을 바엔 다른 사람이 켜도록 내버려 둬야 된다는 거예요. 나만 켜야 된다는 건 야만이에요, 야만. 켜지 않을 거면 내버려 두세요. 한때 켰었다고 보관하는 건 사랑하는 게 아니에요. 돌아보세요. 여러분들이 얼마만큼 그걸 켜 줄 거냐는 문제예요. 그게 힘든 거죠.

　나만 악기인 것이 아니고 타인이나 사물도 모두 악기예요. 사람 몸은 다 악기예요. 애완견도 악기고, 심지어 돌도 악기예요. 돌 아시죠? 좀 젊은 사람은 개를 키워요. 개가 빨리 죽는다는 걸 아직 몰라서 개를 키우죠. 좀 더 나이가 들면 난을 키워요. 난은 좀 오래가거든요. 그렇게 식물로 가요. 동물, 식물 그 다음엔 광물로 가는데, 나이가 더 들면 돌을 키워요. 수석 아시죠? 돌을 하나 주워서 아침마다 물을 뿌려요. 그러면 돌에 침식 작용이 일어나요. 여러분들은 모르지만 할아버지들은 알아요. 이게 설악산 모양으로 나올 때까지 계속 하시는 거예요. 돌도 손을 타요. 손 안 타는 게 어디 있을까요? 사물들도 다 악기인데요.

여러분이 할 수 있는 최선은 '우리 몸은 악기와 같으니 악기를 어떻게 유지할 것인가'를 생각하는 겁니다. 그리고 항상 기억해야 할 건, 이 악기는 자신을 켜 줄 사람을 기다리고 있다는 거예요. 수천만 명의 사람이 다 나를 켤 순 있지만 가장 좋은 소리로 나를 켤 수 있는 사람이 있을 것이라는 것. 그러니까 처음에 만났던 연주자가 거칠게 켰던 기억 때문에 앞으로 다 그런 소리가 날 거라고 오판을 한다는 건 굉장히 위험한 겁니다.

아무도 켜지 않아서 공허하게 있는 금고 안 악기들을 보세요. 악기는 세계와 만나고 소리를 내야 됩니다. 그게 섹스일 수도 있고, 운동일 수도 있고, 악기 연주일 수도 있어요. 상관없어요. 바람 쐬는 거 좋아하셔야 돼요. 바깥에 나가서 바람이 불어 머리카락이 날렸을 때의 느낌들, 물가를 거닐고 춤을 출 때 느껴지는 황홀함. 세계와 부딪혔을 때 나는 이 모든 것들이 악기가 내는 소리입니다. 여러분들 몸이 악기라는 것만 생각하면 우리가 어떻게 해야 되는지, 왜 우리가 누군가를 그렇게 갈망했는지 알 수 있을 거예요.

금지된 것을 욕망한다

우리가 나중에 성性에 대해 얘기하겠지만 우리가 성에 이렇게 집중하는 이유는, 성을 금기시하기 때문이에요. 바이올린의 제일 밑에 있는 줄을 사회에서 켜지 말라고 그랬어요. 그랬더니 환장하죠. '무슨 소리가 나기에 켜지 말라 그럴까?' 그래서 자기 혼자 켜기도 하고요.(웃음) 다른 사람더러 켜라고 하기도 해요. 그런 거예요. 하지만 까먹지 말아야 할 것이 우리가 가진 성기나 기타 등등 성과 관련된 것들은 전체 바이올린의 일부분이라는 거예요. 그런데 나머지에 대해서는 금지하지 않으니까 욕망도, 관심도 생기지 않는 거죠.

성에 대해서 상담하신 모든 분들에게 조언을 하고 싶은 건 가령 여자 분이면 서른 명 정도의 남자랑 연애에 빠져 봐야 된다는 거예요. 그러면 성이 커다란 부분으로 자리 잡지 않을 수 있거든요. 반면 섹스의 경험이 없는 사람들이라면 섹스에 엄청난 판타지를 가질 수밖에 없죠. 대개 젊은 분들인데, 이들은 그래서 '몸'이라고 하면 그냥 '섹스'라고 생각하면서 얼굴을 붉힐 정도인 거예요. 사연 보내신 분들의 글을 읽다 보면 섹스에 대한 판타지에서 벗어나 몸을 생각하는 분들은 한두 분 정도예요. 그 한두 분은 당연히 어느 정도 섹스에 대한 금기에서 자유로운 분일 겁니다. 물론 그것은 다른 이성과의 섹스, 때로는 행복했고 때로는 불쾌하기까지 했던 성 경험을 힘들게 겪고 나서 얻은 경지죠. 부럽죠. 이런 분들이야말로 섹스 이외에 몸이 할 수 있는 다른 가능성들을 고민할 수 있으니까요. 그러니 더 행복할 수도 있다는 희망을 가질 수 있는 축복받은 분들이라고 할 수 있습니다.

반면 이 한두 분을 제외한 나머지 분들의 이야기를 읽다 보면 연주자가 별로 없었던 악기들의 울부짖음, 뭐 이런 느낌이 들어요. 성적인 것에 여러분들이 갖는 집중도는 그런 거죠. '켜지 않는 밑에 있는 줄, 그것이 무엇일까?' 같은 거요. 하지 말라고 하니 더 하고 싶은 거고요. 조르주 바타유 Georges Bataille 가 얘기 했잖아요. 인간은 금지된 걸 욕망한다고요. 먹지 말라고 하면 먹고 싶죠. 성경을 보면 매력적이지 않아요? 만지지 말고 맛보지 말라고 하죠. 성경을 읽으면 에로티시즘이 불붙듯이 일어나죠. 그러니까 어떤 남자가 키스를 하도록 만들고 싶으면 키스하지 마세요. 이거는 진짜 힘든 거예요. 할 생각도 없었는데 '키스하지 마. 뭐뭐 하지 마'라고 하는 것처럼 강한 게 없거든요.

외모 콤플렉스, 남을 신경 쓰지 않는 성숙함이 필요하다

저는 터프하고 털털한 척하며 직장 생활을 하는 여성입니다. 솔직히 말씀드리자면 저는 뚱뚱하고 못생겼습니다. 주변 사람들은 제가 평소에 털털하게 행동하기 때문에 외모를 가지고 놀려도 제가 상처를 받을 거라고 생각하지 않는 것 같습니다. 회사에서도 직장 동료나 상사들이 외모를 비하하는 말을 종종 할 때가 있습니다. 다른 예쁜 여자 후배들을 보면, '내가 쟤네들처럼 예뻤더라면 이런 대접은 받지 않을 텐데. 이런 말을 듣지 않을 텐데' 하는 생각부터 듭니다. 인간관계나 사회생활을 하면서 꼬이는 모든 일들이 외모 때문이라는 생각이 들어요. 그래서 급기야는 성형 수술도 몇 차례 받았습니다. 그렇지만 만족이 되지 않고, 외모에 대한 콤플렉스가 사라지지 않습니다. 이러다 성형 중독이 될까 두렵습니다. 어떻게 해야 할까요?

위로의 말씀을 드리자면 여러분의 외모에 신경 쓰는 사람은 지구상에 거의 없습니다. 아무리 여러분이 명품을 입어도 그걸 아는 사람은 없어요. 나이를 먹으면서 알게 될 거예요. 그래서 나이 드신 분들이 수술을 안 하시는 이유가 포기한 게 아니라 발악을 해도 아무 의미가 없다는 걸 알게 됐기 때문이에요. 유치한 사람들은 어린 아이들 같죠. 아이들은 세상이 자기 중심으로 돌지 않는다는 걸 몰라요. 크리스마스에는 자기를 위해 눈이 와야 해요. 아직은 젊으셔서 그래요. 여러분들을 보고 있는 사람이 의외로 없다는 놀라운 사실, 그 사람들이 여러분들을 살짝 봤을 때도 그냥 사람이 거기에 있어서 보는 것뿐이지 예뻐서 보는 건 아니라는 사실을 아셔야 합니다. 그건 나중에 한두 번 실험을 해 보시면 알아요. 왼쪽 눈썹을 파랗게 염색을 하고 밖에 나가도 아무도 못 알아봐요. 남들은 여러분을 그렇게 의식하지 않아요. 그리고 혹여 만에 하나 누군가가 의식을 한다고 해도, 그 사람은 여러분을 그다지 오래 기억하지도 않을 거예요.

다른 사람 신경 쓰고 다른 사람에게 인정받으려 하지 말아요. 물론 이건 굉장히 성숙해야 가능한 겁니다. 한번 거지같이 입고 거리를 뛰어 봐요. 그러면 알게 됩니다. 다른 사람들이 별로 우리 자신을 신경 안 쓴다는 사실을요. 그래서 대부분의 경우 다른 사람들을 신경 쓰지 말라는 겁니다. 여러분들 학창 시절에 경험하지 않았어요? 동아리에서 갈등이 있거나 어떤 모임에서 갈등이 있을 때 탈퇴한 적 있죠? 그러면 동아리나

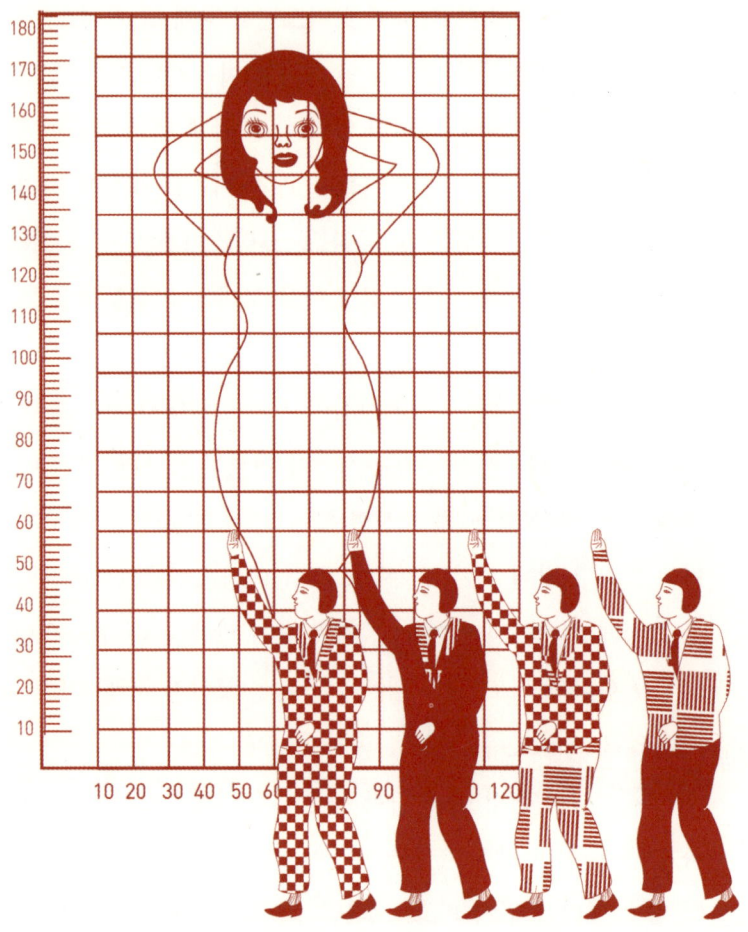

다른 사람 신경 쓰고 다른 사람한테 인정받으려 하지 말아요.
물론 이건 굉장히 성숙해야 가능한 겁니다.
한번 거지같이 입고 거리를 뛰어 봐요. 그러면 알게 됩니다.
다른 사람들이 별로 우리 자신을 신경 안 쓴다는 사실을요.

모임이 무너질 것 같지 않았나요? 안 돌아갈 것 같았죠? 한 달 뒤에 가 봐요. 더 화기애애하게 잘 굴러가죠. 그게 보일 때까지는 조금 힘들죠. 자신이 주인공이라고 생각하거든요. 조연이라는 의식을 안 갖고 있는 거예요. 그런데 사실 자기가 주인공이라고 생각하는 사람은 사랑도 잘 못하죠. 왜냐하면 때때로 상대방을 주인공으로 만들려면 내가 조연이 되어야 하니까요. 주인공이면서 조연이 되는 게 가장 성숙한 거죠. 계속 주인공으로만 있으려고 할 때 삶은 힘들어져요.

남에게 관심을 받으려는 것, 평범한 인간이라면 누구나 가지고 있는 소망이죠. 그러니 성형 수술도 하고 다이어트도 하고 난리인 거죠. 물론 대개의 경우 달라진 우리의 모습에 잠시 관심을 보이지만, 타인들은 별로 신경을 쓰지 않아요. 그래서 우리는 더 조바심을 칩니다. 그러니 또 성형 수술을 하고 과도하게 다이어트를 하려고 합니다. 거의 중독 수준에 이르게 될 수도 있어요. 사실 이것도 한 방에 해결하는 방법이 있습니다. 사랑하는 사람이 '예쁘다'라고 말해 주는 거예요. 그러면 다 해결돼요. '넌 그걸로 충분히 예뻐'라는 말이 우리의 고질적인 다이어트와 성형 수술을 멈출 수 있는 유일한 힘이에요. '더 빼면 섹시하지 않을 거 같아'라는 이 한마디의 말. 이 한마디면 다 끝나요. 그래서 다이어트에 몰입하는 사람은 남자 친구가 없거나 아니면 남자 친구가 강하게 섹시한 걸 찾거나 둘 중의 하나일 거예요. 그런데 대개 남자 친구가 오면 그 측은한 모습 때문에 한마디 할 거예요. 지금이 훨씬 더 예쁘다고요. 사랑이 그래서 구원이에요.

사랑이 우리를 구원하리라

30대 남성입니다. 저는 고등학교 2학년 때, 비디오 가게에서 아르바이트를 하던 대학생 누나를 짝사랑했습니다. 그러던 한 여름날, 친구와 함께 비디오 가게를 찾아갔는데 장난기가 발동한 친구가 제 가슴을 가리키며, 이렇게 말했습니다. "누나, 얘 가슴 좀 봐요. 엄청 크지 않아요?" 반팔 면 티셔츠 한 장 걸친 저는 그날따라 가슴이 도드라져 있었던 것이었습니다. 어찌할 바를 모르고 당황한 저에게 그 대학생 누나는 이렇게 말했습니다. "어머, 내 브래지어 빌려 줄까?" 그리고 모든 게 무너졌습니다. 제가 흠모하던 그 누나가 그런 말을 했다는 것도 충격이었지만 무엇보다도 제 가슴이 그렇게 도드라지게 나왔다는 것을 처음 알게 된 것입니다. 그날 이후로, 저는 단 하루도 빼놓지 않고 반팔 면 티셔츠를 옷 안에 받쳐 입어 왔습니다. 한여름에 땀이 온몸을 적셔도 무조건 티셔츠는 두 장을 입습니다. 대학생이 된 후, 저는 3년여 정도를 마음에 품고 좋아하며 지냈던 친구에게 연인으로 만나자며 고백했습니다. 그런데 그 친구가 이렇게 이야기 하더군요. "난 너랑 섹스 못 해." 이 말이 제겐 오직 이렇게 들렸습니다. '너같이 뚱뚱한 애랑은 못 해'. 우여곡절 끝에 그 친구와 사귀게 되었지만 여자 친구가 자꾸 체중 감량을 요구해 저는 95킬로그램의 몸에서 77킬로그램으로 체중을 감량했습니다. 그런데 여자 친구가 원하는 건 65킬로그램이래요. 결국 여자 친구와도 헤어졌고, 몸에 대한 콤플렉스도 여전히 극복하지 못하고 있습니다. 상담 부탁드려요.

우리가 사람들을 만날 때 상대방의 신체에 대해서는 이야기를 안 하는 게 좋아요. 평생 상처가 되거든요. 지금 상처가 외부에서 오잖아요. 젖꼭지도 아무런 문제가 없었죠. 그런데 그 비디오 가게 누나가 브래지어 이야기를 하면서 훅 갔잖아요. 상처를 받았죠. 외부에서 상처를 받았어요. 여리신 분이라고요. 지금도 티셔츠를 두 장 입으셨어요? 속에 또 입으셨어요? 보고 싶은데요? 우리가 이걸 보고 칭찬해 주면 돼요.(일동 박수) 〔요새는 가슴보다 배가 더 나와서요.〕 괜찮아요, 배도 해방시켜 줄게요. 벗어 봐요. 이리 나와 봐요. 자! 드디어 한 청년이 모든 신체적 콤플렉스에서 해방되어 자유를 만끽하게 됐습니다.(일동박수) 보세요. 괜찮지 않아요? 〔네.〕 무슨 젖꼭지가 나왔다고 그래요. 괜찮죠? 솔직히 얘기해 보세요. 괜찮죠? 〔네.〕 뭐 어때요. 티셔츠 한 장 입고 다녀도 되잖아요. 정상일 뿐만 아니라 이 정도 어깨 좋은 남자 만나기 힘들어요.

티셔츠 한 장만 입고 다니세요. 몸에 대한 콤플렉스를 극복하기 위해서는 본인이 강해지는 게 정답이지만, 그게 힘들다면 좋은 여자를 만나는 수밖에 없습니다. 여자 친구가 '어머, 젖꼭지 너무 예쁘네. 난 자기 젖꼭지가 너무 좋아. 티셔츠 한 장만 입어'라고 이야기해 주는 거, 이게 가장 강력한 거예요. 이분은 몸이 첼로인데, 전 여자 친구는 바이올린을 원한 거예요. 그러니 당연히 첼로가 콤플렉스를 느끼죠. 자긴 이렇게 큰데 작은 바이올린이 되라고 하니까요. 만약에 본인이 첼로라면 첼로의 음역을 연주할 수 있는 무언가를 찾으면 되는 거예요. 열 명 정도 여자를 만나 보면 판단이 되실 거예요. 그러니까 많이 만나야 돼요. 어떤 안목을 기르기 위해선 여러 번 해 봐야 해요. 여행도 마찬가지죠. 여행을 한 스무 곳, 서른 곳은 가 봐야 '나는 이곳에서 살다 죽겠다'는 곳을 정하죠. 지금 이분은 여행지를 딱 한 곳 간 거예요. 그냥 공항에 내리자마자

'여기가 좋다!' 이러지 마시고요. 지금부터 시작하시면 돼요.

    자신을 예쁘다고 하는 다른 여자를 만나려면, 먼저 고등학교 시절 비극적으로 만난 그 비디오 가게에서 아르바이트를 하던 그 누나를 잊어야 합니다. 혹은 다른 여성을 만나야 그 누나를 잊을 수 있습니다. 그러니 잘못하면 다람쥐 쳇바퀴를 도는 것 같을 거예요. 이게 보통 우리가 힘들어하는 고민들의 성격이자 메커니즘이지요. 나의 젖꼭지가 정상이라고, 심지어 남성적이라고 말하는 여성을 만나야 하는데 비디오 가게 누나 때문에 생긴 콤플렉스로 인해서 다른 여성을 만나기 두려워하는 것이니까요. 여기서 그 비디오 가게 누나를 잊는다는 것은 나의 젖꼭지가 이상하다는 콤플렉스에서 자유로워진다는 이야기입니다. 먼저 방법을 가르쳐 드리면, 일단 젖꼭지를 너무 의식하지 말고 다른 것을 의식하는 연습을 해 보라는 겁니다. 내가 무엇인가를 의식하면, 타인들도 그것을 의식하니까요. 그렇지 않나요? 내가 튀어나온 배를 자꾸 보면, 상대방도 내 배를 의식하기 쉬운 법이에요. 이렇게 다른 것을 의식하려고 노력하면, 어느 사이엔가 젖꼭지를 의식하지 않는 여성을 만나게 될 것이고, 마침내 비디오 가게 알바 누나도 아련하고 재미있는 추억으로만 남게 될 겁니다.

성기에만 집중하는 건 비극과 다름 없다

고등학교 1학년 남학생입니다. 저는 몸에 관한 콤플렉스를 하나 가지고 있습니다. 저의 생식기 사이즈는 한국남자 평균(제가 알기로는 11~12센티미터 정도입니다)에 조금 못 미치는 수준입니다. 섹스를 할 때, 여자는 남자의 생식기 길이를 보는지, 보면 얼마나 보는지 고민이 됩니다.

우리가 멀리서 보면 작아 보이잖아요. 남자들이 이렇게 자기 몸을 내려다보면, 생식기가 되게 작아 보여요. 그런데 앞에서 가만히 맞춰서 보면 제가 봤을 땐 다들 쓸 만해요. 착시 효과가 있다는 말이에요. 여러분들이 거울 볼 때 오버하시면 안 돼요. 심지어 거울이면 비치는 비율이 달라서 더 작게 보이죠. 그걸 수술하면 거울로 봤을 때는 정상적인데 다른 사람이 보면 커 보여요.

몸이라는 것만이 유일한 지평이라는 것을 잊으면 안 됩니다. 타인과 관계하는 섹스요? 성관계? 페니스의 길이요? 굵기요? 이건 다 다른 문제예요. 그건 중요한 문제가 아니에요. 만질 수 있느냐의 문제예요. 만질 수만 있어도 돼요. 돌아보면 성기라는 게 뭡니까? 가장 민감한 촉감이잖아요. 표면이란 말이에요. 그런데 다른 부분도 민감해요. 그렇지만 여러분들은 성기에 대해서 지나치게 집중하죠. 억압된 섹스에 대한 판타지 때문이지요. 어쩌면 그것에 편승해서 만들어진 포르노물 때문인지도 모르죠. 그렇지만 성기에 계속 집중하는 순간, 여러분은 몸의 다른 부분에 신경을 쓰지 않게 될 겁니다. 결과적으로 성기 이외의 나머지 부분에 대해서 여러분은 둔감하게 될 겁니다. 비극적인 일이지요.

자기 몸이 다 성기였으면 좋겠어요? 키스는 안 할 거예요? 키스는 이상하게 하면서 성기가 크면 뭐해요. 아무 의미 없죠. 우리는 온 몸으로 만나는 거예요. 때때로 삽입을 안 해도 될지 몰라요. 물론 삽입을 하면 좋지요. 왜요? 가장 민감한 부분이니까요. 하지만 민감한 부분은 만들 수 있는 거예요. 우리 몸은 장난이 아니에요. 돌멩이처럼 죽어 있는 것이 아니라 만져 주면 거기에 반응하는, 살아 있는 것이니까요. 계속 만지면 어느 부분이든 민감해져요. 단지 주어진 민감한 부분을 보통 성감대라고 할 뿐이죠. 다른 부분도 계속 만지게 되면 성감대만큼이나 민감해질 수 있어요. 민감하게 주어진 부분도 있고, 민감하게 만들어야 하는 부분도 있습니다. 이걸 알게 되면 몸에 대해, 혹은 섹스에 대해 더 많은 것을 이해하게 될 겁니다.

주어진 몸을 긍정하는 법

저는 스물네 살의 남성입니다. 건강 문제로 아직 대학에 진학하지 못했습니다. 흔하다고 할 수도 있는 허리 디스크 증세가 심해 무언가에 집중하기가 어렵습니다. 고등학교 3학년 때 대학 진학에 실패한 후 재수에 도전했지만 몸을 치료하기 전에 제대로 공부를 하는 것은 무리였습니다. 가장 심할 때는 침대에 누워서 자는 것도 못할 정도였으니까요. 제대 후 다시 공부를 하기 위해 1년 넘게 여러 가지 시도를 해 봤지만 저 자신을 이겨내지 못했습니다. 대학 진학은 둘째 치고 이대로 자신의 한계를 극복하지 못한다면 내가 하고 싶은 일을 찾을 수 없다는 생각에 과감하게 결단을 내리지도 못하고 현실도피만 하고 있습니다. 자신의 장애를 극복하는 사람들처럼 자신의 고통을 이겨내려면 어떻게 해야 할까요?

다리가 불편한 지체 부자유자들이 계시죠. 그런 분들이 육상에서 휠체어를 타고 달리기하는 모습들을 보면 저는 아주 싫어요. 저는 자기 몸을 이용해서 가장 편한 상태로 살아야 된다고 봅니다. 몸이 정상인 사람을 의식하면 안 돼요. 제가 봤을 땐 그건 콤플렉스가 굉장히 강해지는 거거든요. '어, 다리가 하나 없네? 신기한 걸? 왜 너희는 불편하게 다리가 두 개 있니?' 이런 경지에 이르러야 됩니다. 그래서 '뛰어가!' 이럴 때, 다리 안 아픈 척 뛰지 말고 '난 다리가 한 개밖에 없어' 이러는 게 더 나아요. '열심히 뛰는 너희들이나 뛰어라' 이러면 돼요. 당당해지셔야 합니다. 몸이 아프든 뭐든 자신의 삶에 당당해지셔야 해요. 몸이 불편한 사람이 억지로 정상적인 사람과 경쟁하려고 하면, 자신의 몸을 더 학대할 수밖에 없을 겁니다. 그러니 이것은 당당함과는 거리가 있는 거지요.

〔다리가 아프다거나 하는 걸 극복한 사람들도 있잖아요.〕
극복이 아니라 받아들이는 거예요. 그걸 우린 극복이라고 부른다고요. '난 정상인이다. 난 다리가 두 개 있던 시절이 있었다' 이런 잡생각을 버리는 거요. 본인도 머릿속에 있잖아요. 받아들인다는 건 굉장히 소중한 거예요. 어떤 상태든지 간에 그걸 받아들여야 돼요. 물론 그렇다고 해서 이것이 몸의 한계에 순응하고 체념하라는 이야기는 아닙니다. 오히려 그 반대죠. 주어진 몸의 한계를 있는 그대로 긍정하고, 그 한계 내에서 몸의 모든 가능성을 실현해야 합니다. 이러다 보면 어느 사이엔가 몸의 한계도 확장되는 놀라운 경험을 하게 될 거예요.

병을 냉정하게 직시하고 상태를 알면, 그 병을 고쳐요. 병을 발견하고 나서 고치는 쪽을 선택하기보다 그냥 멍하게 있는 쪽을 선택해서는 안 됩니다. 그래서 정상인과 경쟁하는 몸이 불편한 분의 모습에서 저는 당당함이 아니라 자기 학대를 발견해요. 이 경우 제가 받은 느낌은 한계의 극복이 아니에요. 그리고 정상인들과 같이 달리기를 하려는 다리를 저는 사람들은 아직 극복하지 못한 거예요. 저 같으면 이럴 거예요. '너는 다리가 두 개니 나를 업어 줘. 나 장애자야.' 저는 이러겠어요. 그러면 돼요. 어차피 사람들이 양심의 가책 많이 느끼잖아요. 다 이용하면 되죠. 뭐가 문제예요? 그게 무슨 똥고집이에요? 과거에 건강했던 모습, 그 관념이 자기를 힘들게 하거든요.

지금 자기 몸에 가장 무리가 안 되는 것을 찾으셔야 해요. 가만히 있으면 그 상태로 머물러 있는 거예요. 거기서 관념적으로 행복을 찾으라는 게 아니라 A는 어울리지 않으니 B를 하다 보면 본인 몸에 맞는 걸 찾을 수 있고, 하다 보면 몸도 좀 변해요. 악기니까요. 그 과정을 거쳤을 때, 그게 공부가 될 수도 있고 다른 무엇이 될 수도 있어요. 제가 무슨 이야기하는지 아시겠죠? 다른 것과 관계를 맺어야 나는 변해요. 지금 공부가 안된다고, 가만히 혼자 있으면서 '나는 이런 사람이야!'라고 단념하고 있으면 안 됩니다. 세계와 관계하지 못하면 죽은 거예요. 일단 다른 걸 찾아보세요. 공부 말고요. 아마 나중에 몸이 조금씩 변해서, 공부를 다시 할 수 있는 몸이 만들어질 수도 있을 겁니다. 그러니까 절망하지 말고 몸은 계속 움직이셔 야 합니다. 몸은 항상 세계에 손을 타는 민감한 것이니까요.

내 몸에 딱 맞는 정신을 남기는 방법

보잘 것 없는 몸을 지니고 거의 불혹에 가까운 시간을 살아온 사람입니다. 상당히 작고 뚱뚱하며 몸의 여기저기가 삐걱거리기까지 합니다. 하지만 저는 몸 쓰는 일이라면 뭐든지 좋아합니다. 고등학교 때부터 산을 탔고, 대학교 때부터는 마라톤과 걷기도 시작했습니다. 지리산과 설악산을 타고 민통선에서 춘천을 뛰고 틈만 나면 일단 걷고 봅니다. 열심히 걷고 열심히 달리고 오르고 넘어지고를 반복했습니다. 지금의 남편도 야간 등산을 하다가 만났어요. 남들은 저보고 왜 그렇게 몸을 혹사하느냐고 나무라기도 합니다. 실제로 무릎에 이상이 오기 시작했고, 정형외과에서는 당연하다는 듯이 심하게 걷거나 뛰지도 말고, 산에 오르지도 말라고 합니다. 얼마 전에는 왼쪽 엄지발가락에 염증이 생겼는데 이 아픔이 좋은 겁니다. 저는 몸의 아픔으로 정신의 쾌락을 허락하는 일을 습관적으로 해 온 것입니다. 짧고 굵은 몸에 대한 콤플렉스가 몸을 학대하고 즐거워하는 기제로 발전한 것은 아닌지 궁금하고 걱정이 됩니다.

저는 잡생각이 생기면, 산을 오를 때 한 번도 쉬지 않고 '헉헉헉'하면서 올라가요. 설악산 오색에서 대청봉까지 4시간 30분 거리를 2시간 30분 만에 올라가요. 그렇게 올라가면 정말 힘들죠. 전 그 상태가 좋아요. 잡생각들을 없애거든요. 제 몸이 설악산에 녹아 붙는 느낌이 들죠. 산에 올라가서 저는 생각을 없애고 내려와요. 정확하게는 너무 뒤떨어져 있는 생각들, 보수적인 생각을 없애요. 우리가 연인 사이에서 격렬한 사랑을 할 때 무아지경의 상태가 되죠. 행복한 상태죠. 과거의 잡념들이 사라지는 순간이고 너무 매력적인 상태죠. 몸이 극도로 활성화되는, 정확하게는 몸과 마음이 일치되어 버리는 시점이 있어요. 정신은 항상 보수적이라 그랬죠? 그 보수적인 정신을 날려 버리면 정신이 없어지거나 멍 때리는 상태가 되는 게 아니라, 내 몸에 딱 맞는 정신만 남게 돼요.

티베트에 뿌리를 두고 있는 탄트라 불교라는 전통이 있어요. 무아지경의 상태가 되는 데 가장 빠른 것이 오르가즘이라는 놀라운 결론에 이른 종파예요. 밀교죠. 가장 좋은 게 성관계라는 거예요. 다 필요 없어요. '어차피 무엇으로 가나 귀결은 무아인 것을. 무아가 해탈이 아니고 자유가 아니고 무엇이더냐' 이런 결론에 이르러서 무아에 이르기 위해 성관계를 줄기차게 추구했던 종파예요. 그러니까 탄트라를 포함해서 무아를 지향하는 불교 전통은 몸에 저항하는 보수적인 정신을 죽이고, 현재 자신의 몸에 맞는 새로운 정신을 만들려고 합니다. 제대로 죽어야 새롭게 태어날 수 있는 것 아닐까요? 방에 있는 잡동사니들을 말끔히 치워야 새로운 것들을 들일 수 있는 것과 마찬가지 이치이죠.

아주 격한 운동이라든가 마라톤을 해 보신 분은 알 거예요. 세계에 열리는 경험을 줘요. 육체적으로 극한의 경험을 하면 정신이 세계에 열리는 경험을 합니다. 번지점프를 할 때, 그 쾌락을 느껴 보신 분도 있을 거예요. 몸이 뛰어야 돼요. 올라가서 뛸지 말지를 고민하면 힘들어서 못 뛰고, 거기서 뛰면 느끼는 게 있어요. 극한적인 경험을 할 때 느끼는 것이지요. 몸이 하나의 개방이고 세계와 연결된 것이라고 했잖아요. 내 몸의 개방성을 알아야 해요. 개방되는 대상이 남자나 여자여도 되고, 물이어도 되고, 하늘이어도 돼요. 상관없어요. 달리기여도 돼요. 달리기라면 바람이나 땅에 우리의 몸이 열리는 것이겠지요. 이걸 하는지 하지 않는지는 여러분을 굉장히 달라지게 해요. 굉장히 소중한 거거든요. 기존의 가족질서나 직장 생활에서 위축됐던 분들은 운동을 하세요. 많은 부분이 해결됩니다.

"짧고 굵은 몸에 대한 콤플렉스가 몸을 학대하고 즐거워하는 기제로 발전한 것은 아닌지" 궁금하고 걱정이 된다고 하셨는데요. 그렇지 않습니다. 그렇게 생각할 필요가 없을 것 같습니다. 돌아보세요. 정말로 마라톤을 할 때 쾌감이 없으셨는지. 그리고 산을 탈 때 고통만 있으셨는지. 오히려 제가 보았을 때 몸이 원하는 것을 하면서도 그것을 부정적으로 보시는 것이 문제인 것 같습니다. 그러니까 몸이 문제가 아니라 생각이 문제라는 것이죠. 왼쪽 엄지발가락에 염증이 생겼을 때 좋았다고 하신 것도 잘 생각해 보세요. 우리는 몸이 아프면 몸을 의식하게 됩니다. 다리에 쥐가 나면 다리를 의식하게 되는 것과 같아요. 그러니까 몸을 의식할 때면 기쁘고 긍정적인 마음이 든다고 생각하세요. 이런 식으로 생각하다 보면 어느 사이엔가 몸에 대한 콤플렉스도 조금씩 약해져 끝내 사라질 거예요. 어쨌든 모든 콤플렉스는 몸의 문제가 아니라 생각, 혹은 마음의 문제라는 것을 명심하면 좋을 것 같아요.

양반, 상놈의 몸이 따로 있다고?

> 부유한 생활을 하다 집이 폭삭 망하는 바람에 어머니가 가사도우미 일을 하기 시작했습니다. 그런데 이 일을 잘 못하고 힘들어 하십니다. 정신노동이나 육체노동에 적합한 신체가 따로 있을까요? 이것은 생득적인 것일까요? 그렇다면 노동을 안 해도 되는 신체가 과연 자연스러운 것일까요? 양반, 상놈의 몸이 따로 있는 걸까요?

제가 여러 권의 책을 썼잖아요. 정신노동자죠. 그런데 컴퓨터 앞에 앉아 있으면 죽을 것 같아요. 허리 아파서요. 키보드를 정신으로 치나요? 정신노동이라는 건 존재하지 않아요. 정신노동, 육체노동의 구별은 지배자들이 일 안하고 놀기 위해서 만든 개념이죠. 그래서 마르크스Karl Marx가《자본론》에서 진정한 억압은 정신노동과 육체노동이라는 분업에서 완성된다고 하는 거예요. 일하는 사람과 일하지 않는 사람이 있다는 것이 바로 억압입니다. 그게 가능한 이유는 그들이 일하는 사람들을 등쳐 먹기 때문이지요. 당연한 일이에요. 어떻게 일하는 사람들이 자기만 일하는 것에 짜증과 불만이 생기지 않을 수 있나요? 일하는 사람들의 불만을 무마하기 위해 일하지 않는 사람들은 자신들도 일을 한다고 자신들의 무위도식을 변호하기 시작한 겁니다. 바로 이때 정신노동이라는 묘한 레토릭이 만들어진 거죠.

한마디로 정신노동은 일을 안 하는 거예요. 아니면 일을 하지 않으려고 만든 개념입니다. 사무 보는 분들은 자기가 정신노동을 한다고 합니다. 그게 정말 정신노동인가요? 얼마나 몸이 힘들어요. A4 용지 날라 와야 되죠, 복사해야 되죠, 거래처 사람 만나러 걸어가야 되죠. 정신노동은 존재하지 않아요. 여러분들은 스스로를 정신노동자라고 생각하면 안 돼요. 허울이에요. 힘들지 않아요? 워드 치기, 프레젠테이션 하기. 정신노동이 세상에 어디 있어요? 《맹자》라는 책에도 순수한 정신노동을 하는 사람이 육체노동을 하는 사람을 지배해야 한다고 나와요. 전통 사회가 그랬잖아요. 정신이 우월하다고요. 정신이 우월하다고 하면, 노는 놈이 우월하다는 거예요. 과거에도 노는 인간들은 항상 정신노동을 이야기해요. 몸을 긍정해야 한다고 한 건, 래디컬해지자는 거예요. 그래야 우리가 스스로를 긍정하는 거거든요.

이분이 양반 상놈의 몸은 따로 있는지를 질문하셨는데, 그렇지 않아요. 일 좀 안 해도 먹고 사는 게 가능해지면, 양반의 몸으로 거듭나는 거예요. 그리고 일을 계속하면 상놈의 몸이 되는 거고요. 그리고 어머니께서 일을 못하시는 이유는 곱게 자라서가 아니라 몸이 안 좋으셔서 그래요. 병원에 데리고 가 보셔야 해요. 사실 조그만 행동이나 설거지 하나 하기도 힘드신 거잖아요. 그걸 관찰만 하지 말고 본인이 설거지를 하세요. 만일 어머니가 몸이 정상이신데도 일을 계속 힘들어 하시면, 조금만 더 지켜보세요. 아마 일이 익숙하지 않아서 몸이 힘들다고 하시는 것일 테니까요. 일에 익숙해진 몸이 만들어지면, 어머니는 일에 별로 피곤함을 느끼지 않을 겁니다. 수영을 처음 배울 때는 힘들지만, 익숙해지면 물에서 편안함을 느끼는 것처럼 말예요.

연주되고 있지 않은 악기

> 서른셋의 여자 사람입니다. 저는 몸이 아예 없었으면 좋겠다는 생각이 듭니다. 결과적으로는 몸을 유지하는 일에 치러야 하는 손해나 고통이 몸을 유지함으로써 얻는 기쁨이나 즐거움보다 큰데도 왜 굳이 이 몸을 유지하고 있는 건지 모르겠습니다. 몸은 생물이니까 먹이고 재워야 하는 거잖아요. 거기에는 돈이 들고요. 제 몸을 유지

하기 위한 돈을 벌려고 치르는 그 고통을 제 몸이 감당하지 못하는 것 같은 느낌이 듭니다. 벌어먹고 살기 위해서 일하고 돌아오면 내가 없었으면 좋겠다는 생각밖에 안 날 정도로 너무 힘들기만 합니다.

절절하죠. 몸을 유지하는 데 드는 비용이 너무 크고, 몸이 있을 때 얻는 즐거움이 너무나 작은 거예요. 몸이 있을 때 좋다고 해야 되잖아요? 그런데 이분은 배도 고프고 힘드니 최악인 거죠. 이분처럼 자기 몸과 분열되어 있는 사람들은 자신의 몸을 '몸뚱아리'로 인식합니다. 악기가 지금 연주되지 않고 있는 거죠. 유지만 하고 있는 겁니다. 보수하고 기름칠 하고요. 그렇지만 모든 악기는 연주되기 위해 존재합니다. 유지와 보수는 악기가 존재하는 필요조건이지 충분조건일 수는 없다는 겁니다. 그러니 연주도 안 되는 바이올린을 수리하는 것이 쓸데없는 일, 무의미한 일이라고 느껴지는 겁니다. 그리고 마침내 바이올린 자체를 폐기하려는 잘못된 생각도 드는 겁니다. 그래서 어쩌면 자신에게 아름다운 소리를 만들어 주는 타자가 없어서 생기는 문제가 아닐까 싶어요.

혹시 부양가족이 있나요? 〔둘 있어요. 남동생은 자폐증이 있고 지적 장애 1급이에요. 어머니는 혼자 가족을 부양하시다가 제가 중학교 2학년 때 허리를 다치셔서 돈을 벌 수 있는 상황이 아니고요.〕 잠깐만, 무슨 말인지 알아요. 집이 지금 침몰하는 배거든요. 침몰하는 배에 다 같이 침몰할 거냐, 일단은 한 명 빠져나와서 나중에 둥둥 뜨는 애라도 건질 것이냐의 문제입니다. 본인이 지금 결정한 거예요. 난파선에 남아 있는 것을 본인이 결정한 거라고요. 나오세요. 본인이 듣지도 못할 걸 왜 들고 있어요? 지금 본인이 죽을 것 같잖아요. 자기가 먹고 살고 그 여분이 남을 때만 타인에게 그것을 줄 자격이 있는 겁니다. 지금 어머니에게 굉장히 힘든 모습을 보여 주는 거예요. 일단은 집에서 나오세요.

차라리 '난 나쁜 년이다'라고 하는 쪽이 더 나아요. 난파선에는 있지 말아요. 예쁘게 살려고 하지 마세요. 우리는 그렇게 예쁜 삶을 감당할 만큼 강하지가 않아요. 연락처 남기지 말고 쿨하게 떠나세요. 떠나고 나서 나중에 봅시다. 나중에 본인 몸 추스르고 먹고사는 게 조금이라도 여분이 생길 때 그때 찾아요. 난파선에서 빠져나온 다음에 자기의 힘이 회복되기를 기다려야 합니다. 그러고 나서 난파선 근처로 가든지 아예 난파선을 잊고 사시든지 결정하세요. 물론 난파선 근처로 가는 것은 물에 빠져 도움을 구하는 가족 일부를 구하려는 것이지요. 정말로 가족들을 사랑하신다면 이렇게 해야 하는 것 아닐까요? 업고 갈 수도 없으면서 억지로 업고 가는 것은 가족에 대한 사랑도 자신에 대한 사랑도 아니고, 단지 일종의 의무감, 혹은 똥고집에 지나지 않는 것 아닐까요. 업을 힘을 우선 회복해야만 합니다. 나머지는 그 다음에 선택할 문제예요.

꽉 잡아 봐야 안다

> 저는 서른네 살 직장인 여성입니다. 제가 가진 심각한 문제는 섹스가 그다지 재미없다는 거예요. 어렸을 때는 섹스가 무섭고 힘들었지만 나이를 먹고 좋은 남자 친구도 만나면서 섹스가 좋은 것이라는 생각도 했습니다. 지금은 만나는 사람도 없고 섹스를 안 한 지도 꽤 됐습니다. 지금 저에게는 설레는 대상이 전혀 없습니다. 누군가와 키스를 하고 싶다는 생각조차 들지 않고, 섹스가 그저 기계적인 행동으로만 느껴집니다. 예전에는 지하철에서 잘생긴 남자들을 보면 설레기도 했었는데, 이제는 아무 생각도 들지 않습니다. 나이를 먹어서 그런 걸까요?

지금 이분은 섹스가 소중한 사람과 나누는 교감이 아니라 어떤 사람과도 쿨하게 할 수 있는 것처럼 느껴지는 거죠. 그런데 이걸 거꾸로 생각해 보시면 좋아요. 어떤 사람과 하는 섹스가 좋으면, 그 사람이 소중한 사람이고 교감하는 사람인 겁니다. 이걸 잘 알아야 돼요. 여러분 몸은, 많은 사람과 섹스를 나누다 보면 본인에게 맞는 상대가 누군지 알게 돼요. 우리의 욕심은 그런 상대를 한 방에 만나길 원한다는 거예요. 이게 가장 큰 문제예요. 책을 좋아하시는 어떤 분들이 저에게 책을 추천해 달라고 요구를 해요. 그런데 이건 제가 대답하기가 힘들어요. 사람마다 좋아하는 게 다르잖아요. 100권의 책을 읽어야 자기에게 어울리는 책 한 권을 구할 수 있어요. 그런데 여러분들은 계속 날로 드시려고 책 한 권을 소개해 달래요. 소개해 주면 100퍼센트 욕먹어요. 이 새끼가 나를 괴롭히려고 이 책을 소개시켜 준 거라고요. 그런데 그 책은 제가 너무 감동한 책이에요. 이것처럼 사람마다 다르거든요.

　외모나 여러 조건들을 보면 남자들이 다 좋아할 것 같은 그런 여자가 있죠. 그런데 그 여자와 깊은 관계에 들어갔을 때 그 여자를 계속 좋아할 남자는 의외로 많지 않아요. 여러분의 몸은 의외로 굉장히 민감하다고요. 처음의 마음은 기대이고 추측이고 생각이죠. '저 남자는 그러할 것 같다'라는 생각이죠.

교감할 수 있을 것 같다는 생각입니다. 나라는 사람, 나라는 악기를 가장 잘 만져 줄 것 같고 나도 모르는 소리를 뽑아내 줄 것 같다는 느낌이 드는 거예요. 그래서 사귀기 시작하죠. 그런데 바이올린은커녕 드럼도 연주를 못하는 사람인 거예요. 나는 굉장히 민감한 바이올린이라서 웬만하면 소리가 안 나는데, 드럼 소리도 하나 못 내는 사람인 거예요. 그러면 대체 처음에 들었던 마음은 뭐예요? 처음에 들었던 마음, '이 남자라면 괜찮을 것 같다'는 그 마음은 아무 의미도 없는 거죠. 그렇게 시행착오를 거치면, 한 열다섯 번째 남자쯤 됐을 때 알아요. 안목이 생기는 거예요.

지금 중요한 건 한 번 기대를 했을 때 그게 뜻대로 되지 않았다고 좌절하지 말라는 겁니다. 처음의 마음은 추측입니다. 그 예상은 항상 틀릴 수 있어요. 아마추어들이 제일 좋은 여행지라고 생각을 하는 곳이, 사실은 좋은 곳이 아닐 수도 있어요. 그림 하나를 좋다고 판단을 내리려면 일단은 그림을 많이 봐야 되고요. 새로운 영화를 봤을 때 감이 잡히려면 영화를 많이 봐야 되겠죠. 나 아닌 다른 것들은 많이 봐야 돼요. 많이 경험해 봐야 돼요. 머릿속에서 오만 상상을 하는 건 전혀 도움이 되질 않아요. 그렇다고 '이 인간이 훌륭한 놈일지도 몰라. 일단 자고 보자', 이런 식은 아니에요. 전혀 아니에요. 최선을 다해서 그 영화를, 그 책을 집중해서 보자는 거예요. '이 책일 가능성이 있다'는 마음으로 봐야 보인다는 거예요.

정말 진지하게 '이 사람이다'라는 생각이 들어서 최선을 다하고, 그런 관계에서 좌절하는 경험이 쌓여야 된다는 거예요. '열다섯 명 정도를 만나야 한 명을 안다고 그러더라. 자, 막하자. 이틀에 한 번씩 한 달이면 해결된다', 이건 아니라는 거예요. 착각하면 안 돼요. 매번 이곳이 최고의 여행지라는 느낌을 가지고 그곳에 가야 한다는 거예요. 건성건성 여러 곳을 여행하고 나서 좀 안다고 하는 건 여러분에게 아무런 도움이 안돼요. 그러니까 힘든 과정인 거예요. 최선이라고 생각을 했는데 좌절하고, 최선이라고 생각했는데 또 좌절하는 거예요. 이 과정이 열 번 이상은 쌓여야 되지 않을까요?

집중력입니다. 최대한 집중해서 확신이 드는 사람과 관계를 지속하려고 할 때, 거기서 환멸을 느끼든 좌절을 느끼든 경험이라는 것이 되는 거예요. 집중을 했을 때 경험이 되는 거죠. 장비를 갖추고 여행을 가서 고생을 하면 경험이 되지만, 그냥 길 가다 폭풍우 쏟아진다고 폭풍우를 경험했다고 할 수는 없는 거예요. 그냥 당한 거죠. 그건 경험이 아니에요. 아무것도 못 배워요. 경험은 수동적인 게 아닙니다. 경험에서 배운다는 건, 진지하게 직면하는 거예요. 제가 좋아하는 말이에요. 진지眞摯, '참될 진眞'자에 '잡을 지摯'자예요. 특히 여기서 중요한 것은 '지'라는 글자입니다. 솔개 같은 맹금류가 토끼 같은 동물을 꽉, 혹은 제대로 잡아챘다는 뉘앙스가 있으니까요.

꽉 잡을 때 그게 뜨거운지 시원한지 알아요. 그때 배우는 거예요. 뜨거운 척 하는 게 아니라 꽉 잡아 봐야 돼요. 이 경험이 쌓여야 된다고요. 대신 뜨거운 걸 잡는 순간, 굉장히 뜨거워요. '다시는 누구도 만나지 않아야지' 이런 생각을 하겠지만, 흉터가 나으면 이제 웬만큼 뜨거운 건 잡아도 별로 뜨겁지 않게 느껴져요. 그러면서 강해지는 거예요. 왜 다른 모든 것들에 대해서는 그렇게 경험을 쌓고 실패도 많이 하면서, 유독 사랑과 남녀관계는 한 방에 끝내려고 그래요? 여러분들이 절대적 시간과 절대적 경험, 상처를 감당해야 돼요. 그 흉터도 감당해야 되고요. 그 사람이 나를 연주하도록 하고 나도 그 사람을 연주하면서 내 안에 그 사람이 기억되는 것까지 모두 경험하는 겁니다. 내가 이 사람을 만질 때, 내 손이 그 사람에게 닿지 않고 만지는 방법이 어디에 있어요? 악수를 할 때, 누군가 손을 잡으면 내 손도 잡히는 거예요. 그런데 여러분들은 손을 잡지도 않고, 잡히지도 않으면서 손을 잡으려고 그래요. 이러니까 힘들어지는 거예요. 무조건 잡으면 내 손도 잡히는 거예요. 그러니 이게 힘든 거죠. 그런 진지한 경험들을 젊었을 때 빨리 빨리 해야 돼요. 나이가 들면 감당해야만 하는 것도 감당하기 힘들어질 테니까요.

비교를 한다는 건, 건강하다는 증거다

저는 서른여섯 살의 여성입니다. 네 살짜리 아이와 그 아이의 아빠가 되는 사람과 같이 살고 있습니다. 남편이 저보다 어리고 순한 사람이라 '땡잡았다'는 생각에는 변함없이 즐겁게 지내고 있어요. 집도 있고, 차도 있고, 애 걱정 안 하고 회사를 다닐 수 있는 여건도 되고요. 아이의 아빠도 젊고, 여행도 다니면서 행복하게 살고 있습니다. 그런데 살랑살랑 부는 바람이 얼굴을 스치는 봄이 되면, 저는 발정난 개처럼 변합니다. 몸이 이상하게 반응을 하고, 갑자기 연애를 너무나 하고 싶어집니다. 열아홉 살 여고생이 된 것 같아요. 지난해에는 이 시기를 못 참고 12년 전에 짝사랑했던 대학교 후배를 만나 그때 너를 좋아했었다고 고백을 했습니다. 왜 봄만 되면 이럴까요? 다들 이러고 사나요? 이런 건 별 문제 안 되는 건가요? 그냥 마음 가는 대로 지르고들 사나요?

결혼 제도라는 건 사실 근본적으로 문제가 있어요. 영원할 수 없는 것을 영원한 것으로 만들려는 불가능한 시도니까요. 하나의 사랑이 하나의 꽃이 핀 것이라고 비유해 보지요. 이렇게 핀 꽃을 박제해서 영원히 고정시켜 놓으려는 불가능한 시도가 바로 결혼이라는 것입니다. 봄을 화사하게 수놓는 벚꽃을 보신 적이 있나요? 벚꽃이 지지 않고 계속 피어 있는 것 보셨어요? 그것이 가능하다면 그것은 자연스러운 벚꽃이 아니라 플라스틱으로 만든 조화造花일 겁니다. 사랑의 기간은 꽃이 피어 있는 기간과 유사한 것이지요. 어떤 사람과 함께 능숙하게 서로를 연주하며 나도 악기이고 그 사람도 악기인 관계가 지속되는 기간, 이것이 사랑이니까요.

벚꽃이 피었다는 것이 중요하지, 벚꽃이 지지 않는 것이 중요한 것은 아니죠. 마찬가지로 사랑이 시작되어 활짝 절정에 이르렀다는 것이 중요하지, 그것이 얼마나 지속되는지는 중요한 것이 아니라고 할 수 있습니다. 약속은 폐기할 수 있을 때 약속이라고 합니다. 약속을 할 때 완전한 구속이 된다는 건 사실 이상한 거예요. 두 사람이 손을 잡았을 때, 한 사람이 빼면 끝나는 거예요. 그런데 결혼이라는 건, 법적으로 강한 구속을 해 놨잖아요. 그러니 이상하죠. 이분은 건강하신 거예요. 이분은 지금 남편과 아이가 있는 가족이라는 틀 안에 있기 때문에, 이런 생각들이 일종의 불륜 같은 느낌으로 다가오는 겁니다.

근본적인 이야기를 합시다. 잘 살려면, 남을 신경 쓰지 말아야 돼요. 니체Friedrich Wilhelm Nietzsche의 책 중에《선악을 넘어서》라는 책이 있어요. 선과 악을 넘어가겠다는 거예요. 여기서 선악은 굿Good과 에빌Evil이거든요. 선과 악은, 사회적 가치관이고 신의 명령이죠. 나와 무관한 거예요. '이래선 안 돼. 이건 사악한 짓이야' 이렇게 말하는 게 선이에요. 니체는 《도덕의 계보학》에서 이런 말을 덧붙입니다. "선악을 넘어선다는 건, 사회적 가치 평가와 통념으로 살지 않는다"라는 거라고요. 자기감정을 어기고 사는 사람은 불행한 사람입니다. 자기감정에 당당한 사람이 삶의 주인이에요. 타인을 위해 자기감정을 억누르는 사람은 대개 노예들이에요. 여러분들은 약자임에도 불구하고 그걸 배려라고 생각한다고요. 기껏 배려한 게 권력자들에 대한 배려예요. 그건 배려가 아닙니다. 자기감정을 거슬러서 살면, 그때부터 삶이 불행해지는 거예요.

그러니까 니체가 선악을 넘어서 내 입장에서 보라고 하는 겁니다. 타인이 정한 행복과 불행이란 기준이 아니라 나만의 행복과 불행이란 기준으로, 일체 검열하지도 않고 쫄지도 말고 당당하게 자신의 감정에 따라 판단하라는 겁니다. 니체가 말한 굿과 에빌을 넘어서 굿Good과 배드Bad를 선택한 사람은 사회적 통념과 싸울 거예요. 그런 사람을 니체는 초인Übermensch이라고 부릅니다. 초인은 더럽게 힘들죠. 완전한 자기 삶의 주인인 거예요. '나만의 굿과 배드라는 판단에 의해서 산다.' 이 사람은 사회로부터 손가락질을 받는 게 더 이상 중요하지가 자기감정을 어기고 사는 사람은 불행한 사람입니다.
자기감정에 당당한 사람이 삶의 주인이에요.

않죠. 니체의 초인이 그런 의미예요. 그래서 초인이라는 말에는 외로움이랄까, 무엇인가 비극적인 뉘앙스가 깔려 있어요. 발버둥이니까. 타인의 욕을 들어 가면서까지 자신으로 살려는 절절한 발버둥이니까요.

'굿/에빌'과 '굿/배드' 이 차이가 애매하시다면, 비유를 하나 들어 볼까요? 어떤 사람을 만났다고 해 보세요. 그 사람과 키스하고 싶습니다. 이 경우 내 입장에서 키스하는 것은 '굿'이고, 키스하지 못하는 것이 '배드'라고 할 수 있습니다. 반면 부모님이나 목사님은 결혼하지도 않은 남녀의 키스 등 육체적 관계를 '에빌'이라고 하고, 육체적 관계를 피하는 것을 '굿'이라고 할 겁니다. 만일 부모님과 목사님이 제안한 '굿/에빌'을 받아들인다면, 우리는 키스하려는 나 자신의 감정을 부정해야만 합니다. 이럴 때 우리가 어떻게 행복할 수 있겠어요? 키스하고 싶은데 키스도 못 하잖아요. 당연히 '굿/에빌'을 넘어야 '굿/배드'라는 솔직하고 당당한 관계가 가능할 수 있을 거예요.

〔비교를 하면 신랑이 더 나아요. 그래서 같이 사는 데에는 문제가 없는데 자꾸 다른 사람이 눈에 들어와요.〕 비교한다는 것은 건강한 거예요. 항상 비교하셔야 돼요. 어떤 사람에게만 절대적인 사랑을 요구하는 사람들 있죠? 절대적이지 않아요. '절대'라는 말을 버려야 돼요. 이 세상에 '절대'라는 건 존재하지 않아요. 항상 비교하셔야 돼요. 그리고 그 비교를 상대방에

게 이야기해도 좋아요. '옆집 아저씨에 비해서 네가 배가 많이 나온 것 같은데?' 뭐 이런 이야기를 하는 것도 좋아요. 항상 비교하는 거예요. 우리의 모든 형용사는 비교예요. '당신은 너무 멋있다'는 말에는 '무엇보다'라는 말이 포함되어 있는 거예요. 우리의 모든 가치 평가는 비교에서 와요. 그러니까 절대적일 수 없죠. 단지 확실한 건, '당신은 멋져요'라고 한다면, '내가 만났던 모든 사람보다 지금 당신이 더 멋져요'를 말한다는 거예요. '앞으로도 영원히 멋질 거예요'를 이야기하는 게 아니라요. 더 멋진 사람이 나타날 때 여러분들은 어떻게 해야 할까요? 여러분들이 니체가 말한 초인의 길로 갈 것인가는 각자의 선택인 거예요. 그리고 여러분들이 얼마만큼 자신의 삶을 치열하게 사랑하는지의 문제고요. 덜 사랑하면 할수록 굿과 에빌, 선과 악의 가치 기준에 따라 사실 겁니다.

섹스는 관계의 시작이다

저는 올해 30대 중반의 남자입니다. 저는 이성을 만날 때 정신적인 부분보다 육체적인 부분에 너무나 몰입합니다. '그냥 저 여자와 섹스하고 싶다'라는 생각뿐입니다. 잠자리를 가지고 그 후에 좋은 관계를 유지하는 사이도 있었지만, 대개는 잠자리 이후 제가 먼저 시들해져 연락하지 않은 경우가 많았습니다. 사랑은 없고 섹스만 있는 무미건조한 관계를 자꾸 반복하게 됩니다. 저 스스로가 몸만 탐하는 타락한 사람인 것 같아 괴롭습니다. 진정한 사랑을 할 수는 없을까요?

아직도 사랑이, 섹스가 상당히 관념적이에요. 남자의 몸도 악기거든요. 나의 소리를 가장 잘 내는 여자를 아직 만나지 못한 거예요. 이게 진짜 심각한 문제예요. 친구를 만날 때는 대화하면서 친구에 대한 판단을 할 수 있고 판단에 대한 안목이 생기죠. 그런데 우리 사회는 너무 성적인 영역을 금기시해 왔기 때문에 이성을 만날 때 어느 정도 괜찮다면 관계도 가져봐야 되는데 그렇지 않았던 거죠. 어떤 여자가 있고 그 여자랑 잤어요. 너무 기분이 좋은 거예요. 그 여자도 기분이 좋고 나도 좋아요. 그 여자랑 다음에 다시 사랑을 나누고 싶을 거예요. 그렇게 사랑을 시작할 수 있는 겁니다. 그런데 지금 어떤 여자를 만났는데 그런 마음이 안 드는 거 아니에요?

〔한 사람과 계속 관계를 맺는 게 질린다는 느낌이 들어요.〕 음란해서 그런 거죠. 섹스만을 남녀관계의 최고 정점이라

고 보시는 겁니다. 그러니 명심하셔야 합니다. 섹스는 관계의 시작이에요. 섹스는 종결이 아니에요. 죽음이 아니에요. 섹스는 시작이에요. 거기서부터 하나의 관문을 통과하고 가는 거죠. 거기서 끝나는 사람은 머릿속에 섹스에 대한 관념적인 판타지들이 굉장히 많은 겁니다. 그런데 현실에서 만나게 된 그 여자나 그 남자를 통해서는 판타지가 이루어지지 않는 거죠. 그래서 끝나는 거예요. 그런데 사실은 그때부터가 사랑의 시작인 겁니다. 둘이서 사랑을 하고 시간을 나누고 손잡고 얼굴 쓰다듬어 주고 머리카락을 만져 줄 때, 불쾌하지도 않고 너무 기분이 좋다면 두 사람의 관계는 그만큼 지속될 겁니다. 그리고 그만큼 사랑하고 있다고 말해도 됩니다. 그러니 섹스는 사랑으로 이르는 관문이지, 사랑의 종결점이 아니라는 겁니다. 극단적으로 말해 볼까요? 섹스를 한 뒤에 섹스를 한 상대방과 더 있고 싶다고 느낄 때, 우리는 사랑에 빠진 것이라고 할 수 있다는 겁니다.

만약에 어느 순간 악기 만지기를 그만 둔다면 조금 있으면 서로는 다 리셋이 되어 버립니다. 과거의 추억만 가지고 사는 정신의 동물로 다시 돌아와요. 정신, 위험한 거예요. 관념에 말려들지 마세요. 우리의 관념은 굉장히 과거적이에요. 여러분이 어떤 새로운 이성을 만날 때 여러분이 내린 가치 평가는 다 옛날 남자, 옛날 여자와 관련된 것이지 않나요? 당연히 보수적일 수밖에 없어요. 여러분들의 역사는 다르죠. A가 켰던 바이올린과 B가 켰던 바이올린은 소리의 역사가 다릅니다. 그게 정신이잖아요. 그러니 두 바이올린의 사이는 멀어요. 여러분이 어떤 이성을 만날 때, 나의 정신과 상대방의 정신은 서로 환원 불가능할 정도의 과거에 붙잡혀 있다는 겁니다. 이 판타지를 계속 두 사람의 관계에 투사한다면 심각한 문제가 벌어지는 거예요. 대개 이것 때문에 힘들어지거든요. 그래서 이걸 바꿔야 돼요. 우리의 정신이 정신적 사랑, 진정한 사랑을 한다는 헛소리 좀 안 했으면 좋겠어요. 우리는 몸의 존재이기 때문에 몸과 같이 가요. 몸과 같이 가는 거예요.

까먹지 말아야 될 게, 우리의 모든 관념이 깨지는 장소, 혹은 우리의 생각이 옳은지 그른지 결정되는 장소도 바로 몸이라는 사실이지요. 맛있을 것 같은 음식도 입에 들어가야 정말로 몸이 원하는지 알 수 있는 것 아닌가요? 반대로 너무나 멋져 보이는 남자도 온몸으로 진정한 관계에 들어갔을 때, 그러니까 키스하고 손잡고 걸어가고 밥 먹고 하는 현재적 지평에서 다 결정이 되는 것 아닐까요? 맛있다고 생각하는 것, 혹은 멋있다고 생각하는 것은 실제로 맛있는 것과 멋있는 것과는 차이가 있을 수 있다는 겁니다. 너무 매력적이지 않아요? 우리 몸은 세계와 관계를 요구해요. 배도 고파지고 음식도 먹어야 되죠. 우리 몸 자체가 세계와 관계를 요구한다고요. 음식도 먹고 커피도 먹고 좋은 거 보고 좋은 음악 듣고 다 하면서, 왜 몸에 대해서는 그렇게 부정적인지 모르겠어요.

우리 몸은 닫혀 있지 않아요. 개방적이에요. 사람 몸은 구멍이 다 뚫려 있잖아요. 입도 귀도 세계에 다 열려 있어요. 그러기에 몸은 세계와 연결되어 있는 도구라고 제가 말했던 겁니다. 몸이라는 것만이 유일한 삶의 지평이자 교감의 지평이에요. 귀가 있으니 음악이 가능하고, 눈이 있으니 그림이 가능한 것 아닌가요? 그리고 촉각이 있으니 키스도 애무도 섹스도 가능한 것 아닌가요?

정신적인 사랑? 완전한 사랑? 진정한 사랑? 이 이야기가 과거적이지 않아야 돼요. 사랑은 미래도 아니고 과거도 아니고 지금이에요. 사랑은 꽃을 피우겠다거나 꽃이 피었었다는 게 아니라 '지금' 꽃을 피우는 거예요. 그래서 우리가 사랑에 목말라하는 거고요. 사랑을 하면 현재에 살죠. 오늘이 행복하죠. 이게 사랑이라고요. 진정한 사랑, 영원한 사랑은, 시간의 문제가 아니에요. 제대로 연주가 됐느냐 되지 않았느냐의 문제예요. 영원히 울려 퍼지는 피아노 소나타가 좋을까요? 딱 40분일지라도 전혀 들어 보지 못했던 소나타가 나를 울린다면 우린 그걸 사랑이라고 부르는 거예요. 꽃은 피면 지는 거예요. 중요한 건 '폈느냐'예요. 꽃이 핀다는 건, '폈었다'는 것도 아니고 '필 것이다'라는 것도 아니에요. 이 순간 우리를 몰입시킬 정도로 지금 현재에 있어야 되는 거라고요. 그 지평이 바로 몸인 거예요. 몸에서 지금 느껴져야 돼요.

과거 바다의 추억이 뭐가 중요해요. 지금 내 손에 들어 있는 바닷물과 모래가 더 중요하죠. 이 세계를 잃어버린 사람들이 꿈을 꾼단 말이에요. 미래에 대해서, 과거에 대해서 '한때는 그랬다'라고 이런 잡생각들을 하지요. 이것들을 한 방에 종식시키는 방법이 있어요. 지나가는 어떤 이성이 여러분 몸을 살짝 건드릴 때 '이건 뭐지? 나를 좋아하나? 그냥 친 건가?' 이런 생각이 드는 순간에, 모든 게 정지할 거예요. 그때 다시 또 시작되는 거예요.

인류 역사가 아무리 몸에 대해서 폄하를 해도 여전히 마찬가지예요. 진정한 사랑? 진정한 사랑이라는 판타지를 버립시다. 진정한 사랑, 영원한 사랑, 절대적인 사랑 오직 이것은 기독교에서 요구하는 신에 대한 사랑밖에 존재하지 않습니다. 신은 배신을 못해요. 인간은 배신할 수 있어요. 그래서 신이 우리를 질투한다고요. 까먹지 말아요. 우린 영원한 존재가 아니라서 매력적인 거예요. 신의 사랑은 얼마나 덧없어요. 영원히 피어 있고 안 죽는 그 존재가요. 우리가 근사한 이유는 언젠가는 지기 때문이에요. 멋지게 아름답게요. 이게 여러분들이 가진 매력이에요.

정리를 할게요. 한 사회에서 내가 구축됐고 나는 어느 집에 살고 있고 어느 조직에 살고 있고 그렇지요. 제가 늘 강조하지만 스님이 사찰을 떠날 때는 사랑에 빠질 때고 수녀가 사랑에 빠지면 수녀원을 떠나요. 비구니들도 비구니 암자에서 떠나죠. 어떤 사람은 국가도 버려요. '한 번 완전히 변하고 싶은가?', 그럴 때 우리에게 사랑이라는 건 그렇게 강력한 계기인 거예요. 부모님의 말씀을 어기죠. 다 어기게 되어 있어요. 오로지 나의 느낌에, 내 감정에 유일하게 집중하고 사랑을 할 때만이 우리는 주인이 되는 경험을 해요. 생애에서 우리가 강렬하게 추구하는 건 '내가 노예가 아니다'라는 경험을 사랑에서 하는 거예요. 사랑은 굉장히 강력한 압력으로 여러분들이 현재를 살도록 만들어요. 미래에 대한 걱정을 하지 않게 하죠. 굉장히 매력적인 순간이에요.

우리가 몸을 테마로 이야기했는데요. 그렇다면 사랑의 장소는 어디일까요? 저는 정신은 아니라고 봐요. 우리의 마음은 아니라고 봐요. 우리의 몸이에요. 모든 것이 몸으로부터 시작할 거고요. 몸으로 끝날 거예요. 그걸로 귀결되고요. 여러분의 몸이 병들면 사랑은 언감생심이에요. 끝날 거예요. 몸이라는 곳이 여러분들의 사랑이 일어나는 모든 장소예요. 세계와 관계하는 모든 장소가 몸인 거죠. 그러니 몸을 긍정하셔야 돼요. 이게 제가 여러분들에게 드리고 싶은 이야기예요. 몸이 굉장히 건강해야 여러분들의 정신도 건강할 거라는 겁니다. 우리의 정신은 미래로 갈 필요도 없어요. 우리의 정신이 갈 수 있는 곳은, 내 몸이 있는 그 곳이어야 돼요. 몸이 있는 곳이 우리의 삶이고, 관계고, 사랑이거든요.

'사랑해'라고 떠들지 말고요. 한 번 쓰다듬어 주는 게 더 강한 거예요. '당신의 마음은 알겠어요', 이런 헛소리들 하지 말고요. 핸드폰으로 '사랑해'라는 메시지나 보내는 것, 아무 필요도 없어요. '사랑한다'는 건, '만지고 싶다'는 거예요. '피부를 맞대고 같이 자고 싶다'는 거예요. 그 이상도 이하도 아니에요. '피부 맞대기 싫다. 딴 방에서 잔다. 손잡기 싫다' 이러면 사랑하지 않는 거예요. 나머지 이야기는 일고의 가치도 없어요. 추억이고 의무고 간섭밖에 없는 거예요. 다 필요 없거든요. 만일 몸의 접촉과 관련이 없는 것이 진정한 사랑이라고 생각한다면, 지금 아름다울 때 그 사람의 모습을 녹화해 두고 그 사람을 죽여 버리세요. 어차피 생전에 나를 떠나거나 죽어서 나를 떠날 사람이니까요. 그리고 보고 싶을 때 화면을 재생해서 보세요. 그러면 아마 정신적 사랑, 영원한 사랑, 절대적인 사랑이 어떤 것인지 제대로 알게 될 테니까요.

돌아보세요. 여러분들이 다 경험하지 않았나요? 정신과

육체를 이분할 때 주범은 정신이에요. 공식 아시겠죠? 정신과 육체는 같이 가고, 몸과 부합되게 우리의 정신이 작동할 때 무아지경을 일으켜요. 진짜로 누군가를 사랑할 때 우리는 고도로 민감하게 세계에 열려 있어요. 그 사람의 몸도 느껴지는 상태가 되잖아요. 우리가 원하는 건 그거고요. 몸과 무관한 정신이라는 건 과거예요. 과거의 추억, 회상밖에 없어요. 그래서 사랑이라든가 몸과 관련한 담론에서, 몸은 현재적이에요. 영원한 현재죠. 철학자들이 많이 쓰는 '영원한 현재'라는 그 모순적인 말, 그것은 바로 몸이라는 지평 때문에 가능한 시제를 나타내는 것일 겁니다. 그래서 많은 그 유학자들과 어르신들과 목사들의 이야기를 조심해야 돼요. 인류의 역사가 매력적인 이유는 우리가 우리 몸은 우리의 것이고, 내 삶이라고 긍정하는 역사에서 찾을 수 있어요.

우리는 과도기에 있지만, 앞으로 우리 후손들은 자신의 몸과 거기에서 펼쳐지는 감정을 긍정하는 삶을 영위하게 될 거예요. 그래서 일단은 여기에서 우리가 우리 몸에 대해서 얘기하기 시작한 거예요. 그리고 당분간 이 담론은 지속되어야 해요. 계속 숙고를 해야 하고요. 여기서 하나의 기준점을 찾았으면 좋겠어요. 몸은 세계와 관계하는 유일한 수단이고, 정신은 관계는커녕 잘못하면 관계를 끊어 버릴 수도 있는 보수적인 수단이라는 것을요. 몸은 악기라는 것, 그리고 몸은 물질적이기도 하면서 비물질적이기도 하다는 것을 머릿속에 항상 넣어 두세요. 사랑한다는 것은 그 악기를 즐겨 켜는 거예요. 그리고 내가 사랑받기를 원하는 것도 누군가가 나를 만져서 내가 예상하지 못했던 소리가 나에게 나오길 원하는, 환희고 희열인 겁니다. 죽을 때까지 여러분들에게서 어떤 음이 나게 될지 다 확인 못할 거예요. 확인하고 싶지 않으세요? 시간은 너무 짧아요. 한두 곡만 내도 훌륭한 삶을 사는 거예요. 음악은 아직도 계속 만들어지잖아요. 그 건반 몇 개 가지고요. 여러분의 몸이 마치 건반처럼 서로 같아 보여도 다 달라요. 사람들이 말이나 대화를 통해서 누군가를 만나고 상대를 고르듯이 몸도 그렇게 약간 열어 놓고 진지하게 가장 자기에게 어울리는 몸, 내가 연주하고 싶고 기꺼이 내 몸을 연주하고 싶어하는 그 사람의 몸, 그런 몸들을 만나기를 기원해요. 그런데 누가 이걸 쉽게 얻을 수 있을까요? 스피노자 Baruch Spinoza의 마지막 말이 항상 떠오르죠. 행복이란 게 그렇게 편하다면 누군들 얻었을 거예요. 행복은, 드물고 아주 희귀해요. 용기 있는 사람만이, 기꺼이 상처 받을 준비가 되어 있는 사람만이 행복을 얻을 거예요.

사랑한다는 것,
몸을 만지고
싶다는 것

그대의 말들을 주머니에 넣고 다닌다
그대의 사랑한다는 말이 동전처럼 짤랑거리며
주머니를 빠져나와 유월 햇살 속으로 굴러가더니만
자동차 바퀴에 깔려 낙엽처럼 뭉개진다
급브레이크 밟는 소리,
그 사이로 외로워, 낮게 깔리는 목소리가
이내 뚜, 뚜 솨아
잡음 속으로 사라진다
나는 다시 대낮의 도시를 걸으며
끊어진 목소리를 찾아
011, 257, 9509 입력된 숫자를 차례로 누르면
한때, 유월의 아카시아 밑에서 들려주던
그대의 노래가 반질반질한 몸으로 손에 잡힌다
반질반질하고 매끈한 위패같은 검은 기계,
숫자로 조립된 그대의 얼굴 없는 말들을
지갑처럼 안호주머니 속 깊이 넣고
오늘도 정신없이,
정신없는 말 속으로 끌려다니고 있다

― 구석본, 〈휴대폰〉

만남,
보고 듣는 것 이상의 만짐

사랑은 같이 있을 때 무한한 기쁨과 평안함을 느끼는 관계입니다. 그래서 그런지 사랑에 빠진 연인들은 서로의 부재를 참을 수 없는 고통으로 느끼기 마련입니다. 당연히 그들은 함께 있으려고 집요하게 노력합니다. 그렇지만 불행히도 모든 시간을 같이 보낼 수는 없는 법입니다. 이럴 때 연인들에게 핸드폰은 구세주와 같습니다. 직접 통화가 가능하다면 핸드폰은 연인들이 사랑을 속삭일 수 있도록 해 줍니다. 직접 통화하는 것이 힘들다면 핸드폰은 애인의 밀어를 녹음할 수도 있고, 사랑의 문자나 자신의 모습을 찍은 사진도 발송할 수 있습니다. 그렇지만 이것만으로 연인들의 갈망이 해소될 수 있을까요? 그렇지 않습니다.

　　인간이란 존재는 최소한 다섯 가지 감각으로 세계와 소통하는 존재입니다. 시각, 청각, 후각, 미각, 그리고 촉각이 바로 그것입니다. 애인과 직접 대면할 때, 혹은 같이 영화를 볼 때, 우리는 이 다섯 가지 감각 대부분을 사용할 수 있습니다. 그렇지만 핸드폰에서 들리는 애인의 목소리나 음성 녹음은 청각에만 국한되고, 애인이 보낸 문자나 사진은 시각에만 한정될 뿐입니다. 당연히 핸드폰으로 연결된 연인들은 불만족의 상태에 있을 수밖에 없습니다. 핸드폰을 통해서 우리는 애인의 향내도 맡을 수 없고, 애인의 손을 만질 수도 없고, 그리고 애인과 키스를 나눌 수도 없습니다. 그래서 그런지 핸드폰의 마지막 음성, 혹은 마지막 문자는 항상 언제 그리고 어디서 만나자는 제안으로 마무리되곤 합니다.

　연인들이 직접 만나면, 두 사람은 직접 얼굴을 보고 이야기를 나눌 수 있게 됩니다. 그래서 그런지 직접 만나는 것은 시각과 청각의 일이라는 오해가 생기는 것이지요. 그렇지만 직접 만나면서 본질적인 것은 후각, 미각, 그리고 촉각일 겁니다. 물론 그렇다고 해서 코를 킁킁대며 애인의 향수 냄새나 살 냄새를 맡고, 애인과 입맞춤을 나누고, 애인의 손을 만져야만 하는 것은 아닙니다. 중요한 것은 그럴 수 있다는 가능성이지요. 냄새를 맡고 입맞춤을 하고, 손을 잡을 수 있는 가능성 말입니다. 물론 카페와 같은 공공장소에서 가까이 마주보고 있다면 키스는 힘들어도 우리는 애인의 냄새를 맡거나, 혹은 애인의 손을 어루만지게 될 겁니다. 이럴 때 우리는 핸드폰을 통해서가 아니라, 직접 애인을 만나고 있다는 느낌을 실감하게 될 겁니다.

　간혹 카페에 앉아 별다른 대화 없이 각자의 일을 하고 있는 연인들을 볼 때가 있습니다. 여자는 노트북을 켜고 밀렸던 작업을 하고 있습니다. 그리고 테이블 맞은편에서 남자는 책을 보고 있습니다. 왜 대화도 없이 앉아 있을까, 혹은 왜 서로를 응시하지 않을까 의아스럽게 생각할 이유는 전혀 없습니다. 그 와중에 간혹 서로를 응시하고 이야기를 할 수도 있습니다. 그렇지만 두 사람은 충분히 서로 사랑하고 사랑받고 있는 중입니다. 그들은 서로의 향내를 무의식적으로 맡고, 가끔 서로의 손을 어루만지고 있습니다. 간혹 테이블 밑의 그들의 발이 우연히 부딪힐 때도 있겠지요. 지금 그들은 시각과 청각보다 더 심오한 교감을 나누고 있는 것이지요. 물론 드라마틱한 표정 변화나 유머러스한 이야기도 두 사람 사이에 이루어지는 교감을 증폭할 겁니다. 그렇지만 시각과 청각은 그 이상도 그 이하도 아닌 겁니다.

핸드폰을 통해 전해지는 애인의 목소리만으로, 핸드폰 화면에 뜨는 애인의 문자나 사진, 혹은 애인이 핸드폰으로 보내온 동영상만으로 우리는 자신의 사랑이 충만하다고 느낄 수 있을까요? 아마 그렇지 않을 겁니다. 이런 것들은 사랑의 정찬을 먹지 못하는 연인들에게 애피타이저나 패스트푸드에 지나지 않는 것이지요. 구석본 시인의 〈휴대폰〉이란 시는 바로 이런 문맥에서 읽혀야만 합니다. 아마도 시인은 실연을 했나 봅니다. 실연의 본질은 사랑하는 애인을 직접 대면할 수 없다는 데 있습니다. 그러니까 애인과 키스를 나눌, 애인의 냄새를 맡을, 손을 쓰다듬을 수 있는 가능성이 완전히 사라진 것이지요.

그렇지만 다행인지 불행인지 애인의 목소리는 아직도 시인의 핸드폰에 고스란히 남아 있습니다. 그리운 애인의 목소리, '사랑한다'라는 목소리를 들을 수 있어 시인은 행복할 겁니다. 그렇지만 동시에, 녹음된 목소리만을 들을 수밖에 없기에 시인은 불행한 겁니다.

'지금 그리고 여기'의 느낌

핸드폰에 녹음된 애인의 목소리는 벤야민의 표현을 빌리자면 아우라Aura가 없는 것입니다. 아우라는 '지금 그리고 여기Hic et Nunc'라는 느낌에 다름 아니기 때문입니다. 벤야민의 말을 직접 들어 볼까요?

> 어느 여름날 오후 휴식의 상태에 있는 사람에게 그림자를 던지고 있는 지평선의 산맥이나 나뭇가지를 보고 있노라면, 우리는 이 순간, 이 산, 그리고 이 나뭇가지가 숨을 쉬고 있다는 느낌을 받는다. 이런 현상을 우리는 산이나 나뭇가지의 아우라가 숨을 쉬고 있다고 말할 수 있을 것이다.
> ―《기술복제 시대의 예술작품》

늦은 가을 아름다운 호숫가에 서 있습니다. 호수의 표면에는 맑은 하늘과 구름, 그리고 호수 주변의 산 등이 아름다운 그림자를 새겨 놓고 있습니다. 가끔 뺨을 간질거리며 신선한 바람이 호수에 잔물결을 만들기도 합니다. 이런 아름다운 풍경은 우리의 오감을 잠에서 깨어나도록 하는 힘이 있습니다. 평소 자신을 괴롭히던 상념도 씻은 듯이 사라지게 됩니다. 우리는 호수, 하늘, 구름, 나무 등등이 모두 살아서 자신에게 말을 건다는 느낌을 받고 있는 겁니다. 바로 이것이 벤야민이 말한 아우라입니다. 사실 우리는 직감적으로 압니다. 이 아름다움은 오직 '지금 그리고 여기'에서만 허락된다는 사실을 말이지요. 그러나 절망스럽게도 우리는 조용히 카메라를 꺼내 들어 아름다운 풍경을 게걸스럽게 찍기 시작합니다. '지금 그리고 여기'가 아니라 '언제 그리고 어디서나' 그 아름다움을 볼 수 있으리라는 기대와 함께 말이지요.

집에 돌아와 살펴본 사진들은 우리를 절망하게 만듭니다. 직접 대면했을 때 아름다운 풍경은 살아 있는 것 같은 아우라를 가지고 있었습니다. 그렇지만 사진에 담긴 아름다운 풍경은 그런 생생함이 사라지고, 무엇인가 죽은 것 같은 느낌마저 듭니다. 도대체 그 사이에 무슨 일이 벌어진 것일까요? 사진의 풍경은 '시각'만이 추상화되어 박제된 영역이라고 할 수 있습니다. 반면 자신이 직접 본 풍경은 다섯 가지 감각이 모두 살아 움직였던 구체적인 경험의 영역이라고 할 수 있습니다. 물론 사진이 보여 주는 시각적 풍경은 자신이 직접 경험했던 풍경을 추억하는 데 도움이 되는 것도 사실입니다. 그렇지만 시간이 가면 갈수록, 당시 경험했던 바람의 산들거리던 촉감이나 호수의 달콤하고 씁쓸했던 물비린내 등등은 기억 속에서 사라지게 되겠지요.

구석본 시인은 핸드폰에 저장된 목소리를 통해서 애인의 아우라를 추억하고 있습니다. 그렇지만 시간이 지날수록 시인은 애인에게서 사랑의 아우라를 잃어 가게 될 것입니다. 아니 어쩌면 애인과 헤어진 순간, 그래서 더 이상 오감을 동원하여 애인을 느끼지 못하게 된 순간, 애인은 이미 아우라를 잃어 가고 있었던 것이라고 할 수 있을 겁니다. '지금 그리고 여기'에서 나의 오감을 깨울 수 없다면, 어떤 대상도 아우라를 가질 수 없기 때문입니다. 그렇지만 우리는 시인의 절망적인 노력을 조롱해서는 안 됩니다. 지금 시인은 소리만 남은 애인의 목소리를 통해서 애인이 가지고 있던 사랑의 아우라를 회복하려고 발버둥 치고 있기 때문입니다. 어쩌면 시인은 핸드폰에 녹음된 애인의 목소리를 지우는 것이 나을지도 모릅니다. '사랑한다'는 애인의 목소리는 시인으로 하여금 '지금 그리고 여기'에 살 수 없도록 만들기 때문입니다.

촉각, 다른 존재를 일깨우는
가장 심층적인 감각

계속 과거의 목소리에 사로잡혀 있다면, 시인은 새로운 사람을 만나서 새로운 사랑의 아우라를 경험할 수 없을 겁니다. 이 점에서 핸드폰은 시인을 자폐증에 빠지게 만든 주범이라고도 할 수 있을 겁니다. 생생하게 반복되는 애인의 밀어는 마치 흘러간 사랑이 현실이라도 되는 것처럼 착각을 낳기 때문이지요. 구석본 시인의 핸드폰은 반복되는 소리의 세계를 가능하게 했습니다. 그렇지만 지금 우리가 사용하는 핸드폰, 즉 스마트폰은 촉각의 세계에도 발을 내딛고 있습니다. 스마트폰은 더 현실적이고 더 화려해진 시각과 청각의 세계를 손가락의 부드러운 촉감으로 움직이도록 만든 핸드폰입니다. 많은 사람들은 스마트폰을 규정할 때 이동 중에도 인터넷 검색이 가능해진 핸드폰이라고 합니다. 그렇지만 핵심은 이제 핸드폰이 우리의 촉각마저도 유혹할 수 있다는 데 있는 것이 아닐까요?

인간의 오감 중 촉각은 우리 앞에 다른 존재가 있다는 것을 알려 주는 가장 심층적인 감각입니다. 아주 오랫동안 헤어져 있어 만날 기대도 접었던 자식이 돌아왔습니다. 이 경우 어머니는 이제 나이든 자식의 얼굴을 쓰다듬으며 울먹일 겁니다. 자신의 아이가 자신 앞에 실제로 있다는 무의식적 확인 절차인 셈이지요. 그리운 사람을 만나는 꿈, 너무나 실감 나서 현실인 것처럼 느껴지는 꿈에서 깨자마자, 우리는 손을 뻗쳐 그를 만지려고 합니다. 그의 존재를 확인하려는 것이지요. 이처럼 촉각의 기능은 시각과 청각보다 우리에게 너무나 중요한 감각입니다. 스마트폰은 우리의 오감 중 시각, 청각, 그리고 촉각마저도 충족시킵니다. 그래서 스마트폰의 화면을 터치하면서 우리는 실재 세계와 접촉하고 있다는 착각에 빠질 수 있습니다. 그만큼 스마트폰이 열어 놓은 '언제 그리고 어디서나'의 세계를 '지금 그리고 여기'의 세계와 혼돈하기 쉬울 겁니다. 그렇다면 스마트폰의 시대에 살고 있는 우리는 '지금 그리고 여기'에 살지 못하는 구석본 시인과 같은 자폐증을 더 강화한 모습으로 반복할 위험성이 있는 것 아닐까요?

고독

고독, 어른의 증거

이번 테마는 '고독'입니다. 고독은 '홀로 있다'는 느낌이잖아요. '홀로 있다'는 느낌이 드신 분도, 안 드신 분도 있을 거예요. 어떤 분이 제게 '고독을 느끼지 못하는 것도 병일까요? 왜 고독이라는 것이 느껴지지 않을까요?'라는 질문을 하셨는데 저는 이게 자랑이라는 생각이 들었어요. 우리는 궁극적으로 고독을 느끼고 싶어 하지 않아요. 고독하지 않다는 건, 에덴동산에 있다는 거예요. 고독한 사람은 에덴동산에서 타락해서 내려온 거고요. 미리 말씀드리지만 고독하다는 것, 그것은 우리가 에덴동산의 아이가 아니라 세상의 풍파와 싸우는 어른이 되었다는 증거라고 할 수 있지요. 고독하고 싶지 않죠? 고독이 뭐가 좋아요? 이 질문을 하신 분은 지금 상태가 좋은 거예요. 다만 고독이 뒤늦게 찾아올 겁니다.

지금 고독한 사람들은 비극적이기는 하지만 괜찮아요. 어른이 된 거니까. 더군다나 우리는 나름대로 고독에 적응이 됐잖아요. 좌우지간 고독은 힘든 겁니다. 어른이 된다는 것이 어떻게 행복한 일이겠어요. 충족감과 편안함이 사라지는 것이 바로 고독이잖아요. 고독이 반드시 찾아온다면 젊었을 때 찾아오는 것이 더 낫지요. 10대 후반에 고독을 느꼈다면 그것이 아무리 힘들어도 나름대로 견딜 수 있고, 또 그만큼 쉽게 면역이 되지요. 젊고 건강하니까요. 그렇지만 40대에 때늦게 찾아오는 고독은 거의 죽음처럼 힘들게 다가오죠. 실연의 비극과 똑같아요. 20대에 실연하면 죽을 것 같지만 안 죽거든요. 오히려 적당한 실연은 좋을 수도 있습니다. 식욕을 촉진하기도 하고 인생을 리셋해 보기도 하고 학원에 수강 신청을 하기도 하죠. 그런데 40대, 50대의 실연은 힘들어요. 20대 때 실연 안 했던 사람은 40대에 그게 와요.

그러니까 사실 인생에서 가장 성숙한 사람은 10대 때 그 모든 걸 다 겪은 사람이에요. 10대에 이혼까지 다 겪으면 거의 퍼펙트해요. 사람은 겪어야 할 것은 다 겪으면서 살게 되어 있거든요. 문제는 언제 겪느냐는 것이지요. 나이 들어서 겪으면 뭐해요? 자신이 뼈저리게 겪었던 것을 제대로 살아볼 시간도 없을 뿐만 아니라, 압도적인 경험 때문에 잘못하면 건강마저 해칠 수 있으니 말입니다. 만약에 어떤 사람이 50대나 60대에 삶의 위기를 겪는다면, 그리고 힘들어한다면, 이유가 뭘까요? 처음 겪기 때문이고, 동시에 그것을 겪기에 너무나 약해져 있기 때문이에요. 그래서 항상 사람들한테 강조하는 게 젊었을 때 몸 사리면 안 된다는 겁니다. 젊었을 때는 더럽게 힘들어야 돼요. 그게 다 보험이나 연금 같은 거예요. 그러면 나중에 웬만큼 힘들어도 안 힘들어요. 제가 무슨 얘기하는지 아시겠죠?

정리를 한번 해 볼게요. 고독한 상태였다가 우리가 끝내 꿈꾸는 건, 고독 없는 상태라는 거죠. 그러니까 이렇게 인생을 정리해도 되겠네요. 처음 어렸을 때는 고독을 모르다가, 고독을 알면서 우리는 어른이 됩니다. 그리고 고독이 힘들어서 우리는 다시 고독이 없는 상태를 꿈꾸게 됩니다. 물론 어린 시절의 에덴동산으로 돌아갈 수는 없는 일이지요. 여기서 우리는 나 아닌 누군가, 그러니까 타자를 필요로 하지요. 그것이 고독을 잠시나마 달래줄 수도 있으리라는 희망을 가지고요. 여자나 남자와 같은 이성이어도 되고, 고양이나 개와 같은 반려 동물이어도 좋습니다. 아니면 하루키의 책이나 신경숙의 책이어도 좋고, 슈베르트의 피아노 소나타나 베토벤의 교향곡이어도 좋습니다. 그러나 어쨌든 우리는 잠시 위안을 받을 뿐, 어린 시절 에덴동산으로는 되돌아갈 수 없습니다. 비극이지요.

몰입과 고독의 상관관계

우리가 꼬맹이 때는 몰입을 했어요. 기억나시나요? 몰입이에요. 그래서 여러분들이 집에 잘 안 들어갔던 거예요. 항상 가족들이 찾으러 나오죠. 부모님이 데리러 와서 '너 여기서 뭐하고 있냐'고 물으면, 아이는 가만히 앉아 개미굴을 보고 있죠. 부모님은 그 아이를 데리고 집으로 갈 거예요. 집에 들어와도 아이는 계속 생각을 하죠. '개미들은 뭐하고 있을까?' 기억나시죠? 누구나 경험했을 이 과거의 추억에서 우리는 고독을 피하거나, 아니면 완화시킬 수 있는 지혜를 배워야 합니다. 몰입할 것을 찾으면 고독을 피할 수도 있다는 교훈을 말입니다. 그러니까 우리에게도 희망은 아직 남아 있는 거예요. 아이들을 떠올려 보면 됩니다. 아이들은 바깥에 나가서 못이라든가 닭 깃털, 솔방울 이런 것들을 가지고 와서 걔네들이랑 대화를 하죠. 아이들은 고독을 느끼지 않아요. 세상에 친구들 천지고 애인들 천지인데 무슨 고독이 있겠어요. 그런데 그 아이가 어느 날, 솔방울이 떼구루루 굴러가는데도 혼자 가만히 있으면 아이는 어른이 된 거예요. 고독이 물밀듯이 밀려오는 거죠. 어른이 된다는 건 고독을 느낀다는 것과 같은 의미거든요.

최근에 나를 잊어버렸던 경험이 있는지 스스로에게 되물어 보셔야 돼요. 그게 거의 없다면 고독이라는 상태에 있는 겁니다. 몰입의 특징은 나를 잊어버리는 거예요. 내가 어디에 서 있는지도 모르는 겁니다. 나를 잊어버리는 만큼 몰입하는 거예요. 길을 가다가 너무나 멋있는 걸 봤을 때, 가령 옷이나 단풍을 봤는데 나중에 정신을 차리고 보니 두 시간이 흘러 있는 경험을 해 보신 적 있죠? 그게 몰입의 강도예요. 하지만 가령 '직장 가야 된다, 빨리 가야 된다'는 등 나를 찾고 있으면, 그건 몰입하고 있는 상태가 아닌 거예요. 아이들이 집에 가는 걸 잊어버리고 놀이터에서 노는 것처럼 내가 어디에 있는지도 몰라야 해요. 그 사물에 빨려 들어가 버리는 것 같은 느낌인 겁니다. 이럴 때 우리는 외로움을 안 느끼죠. 외로움을 왜 느껴요? 내가 그것으로 건너갔는데요.

우리가 제일 슬픈 건, 나를 항상 의식한다는 거예요. 예를 들어 이렇게 생각해 보면 돼요. 나를 만난 남자가 자꾸 시계를 봐요. 여러분을 만난 어떤 사람이 시계를 자꾸 본다면, 그건 자기가 지금 어디에 있고 시간이 얼마나 지났고 객관적 위치가 어디인지를 파악하고 있다는 거잖아요. 불쾌하지 않나요? 백화점도 그걸 알아요. 시계 안 갖다 놓죠. 상품에 몰입하라고요. 백화점은 절대로 창문을 만들지 않아요. 비가 쏟아지면 여자들은 본능적으로 집으로 가니까요. 불문율이죠. 백화점은 그렇게 몰입을 위한 환경을 만들어 놓은 겁니다. 제가 요새 카페에 들어가 보면 커플이 각자 스마트폰을 들고 앉아 있어요. 왜 거기까지 나와서 구태여 그 사람 앞에서 게임을 하고 있는지 모르겠어요. 그럴 때 민감한 사람은 알아요. 이 사람이 나에게 몰입하지 않고 있다는 걸요. 몰입하지 않는 거예요. '우리 여기 온 지 얼마나 됐니?'라고 물어볼 때, 민감한 사람은 알죠. 헤어져야 되겠다는 걸요. 몰입은 시간 가는지 모른다는 느낌인 거예요. 시간을 챙긴다는 건 일정을 관리한다는 거잖아요. 가기 싫은 모임에 갈 때는 사람들이 제시간에 잘 안 오잖아요. 어른이란 게 뭔가요? 내가 어디 있는지 아는 사람이거든요. 그래서 어른은 몰입을 잘 못해요. 아이들은 좋아하거나 꽂히는 게 있으면 거기에 목숨을 걸잖아요. 고독이 어떤 상태를 의미하는지 아시겠죠? 몰입하지 않는 상태입니다. 그리고 몰입되었다는 느낌은, 내가 없다는 느낌이죠. 불행히도 이 세계가 우리를 밀어낼 수도 있어요. 다른 사람은 다 성적이 올랐는데 나만 성적이 떨어졌거나, 나만 입시에서 좌절했거나, 나만 취업에 실패했거나 할 때 세상이 나를 밀어낸다는 느낌이 들죠. 나를 밀어내는 대상에 몰입할 수는 없는 겁니다.

세계와의 관계가 붕괴되면, 고독이 찾아온다

여러분도 경험하는 거예요. 뭔가 너무나 좋고 매력적인 일을 하고 있으면 우리는 고독을 느끼지 않아요. 이건 하나의 공식이에요. 세계와의 관계가 붕괴되면 우리는 고독을 느낍니다. 나에 대한 몰입이 아니라 내 바깥에 있는 세계에 대한 몰입도에 따라 고독을 느껴요. 그 몰입도가 현저히 떨어지는 게 나에게는 고독으로 다가오는 거예요. 세계와 불화가 일어나기 시작한 거죠. 세계가 나를 밀쳐낼 수도 있고요. 거꾸로 내가 세계에 대한 관심이 없을 때도 있어요. 이럴 때 고독이라는 게 옵니다. 세계와 관련되어 있으면, 내 바깥에 있는 사람·사물·사건에 몰입을 하면 고독은 안 느껴져요. 번지점프를 하면서 고독을 느끼지 않잖아요. 절대 안 느껴요. 아주 재밌는 영화를 볼 때도 우리는 고독을 느끼지 않죠. 어떤 매력적인 남자를 만나서 그 남자에게 몰입하는 순간 우리에게 고독은 없어요. 내가 몰입할 대상이 존재하면 고독은 없어요. 우리가 느끼는 고독의 정체는 바로 그거예요. 몰입할 게 없는 겁니다. 이렇게 표현할 수도 있죠. 사랑하는 게 없다고요. 밤새도록 함께 있어도 시간이 가는지 모르는, 그런 존재가 없다는 거예요.

그러니까 '나는 왜 이렇게 고독하지'를 묻지 말고, 이렇게 되묻는 게 좋아요. '언제부터 세상에 대해서 몰입하지 않았을까?'라고요. 세상이 풍경으로 보일 때, 우리는 고독해요. 그러니까 이런 거예요. 유리창이 있고, 바깥에는 폭풍우가 쳐요. 방 안에서 아메리카노를 한 잔 들고, 브람스 같은 음악을 듣고 있다면 느낌이 어떤가요? 고독해 보이죠. 그럴 때 저는 그 유리창을 깨 버리죠. 폭풍우가 들이치면 고독의 여지가 없어집니다. 돌이 막 날아오니까 집중해야 해요. 세계가 풍경으로 보일 때 우리는 고독한 거예요. 내가 있고, 나머진 다 그림인 거죠. 영화 화면처럼 보이는 겁니다. 어머니도, 아버지도, 심지어 애인마저도 풍경으로 보일 때가 있을 거예요. 이 세상이 살아 있는 것이 아니라 스크린처럼 느껴진다는 느낌이 들어요. 화면에 꽃이 있다고 우리가 화면의 그 꽃을 만지진 않잖아요. 우리는 고독을 느낄 때, 세상을 화면처럼 보는 거예요. 그리고 나는 그 화면 안에 갇혀 있는 거죠. 작은 극장 안에 그렇게 있는 게 일종의 고독인 겁니다. 그리고 세계를 만지고 싶지 않죠. 그냥 앉아서 차 한잔 마시면서 보고 싶은 거예요. 보다가 졸리면 자고요. 풍경은 뭐예요? 만지거나 몰입하거나 하는 대상은 아니죠. 그냥 이렇게 내가 내 중심에 있는 거예요.

풍경의 특징은 하나의 풍경이 다른 풍경으로 바뀌어도 상관없다는 거죠. 하나의 영화가 다른 영화로 바뀌어도 크게 상관이 없는 것처럼요. 그래서 상대가 '아무래도 너는 날 사랑하지 않는 거 같아. 헤어져야 될 것 같아'라고 말하면, 상대를 풍경으로 보고 있는 사람은 이렇게 얘기하죠. '그래, 행복했으면 좋겠어'라고요. 쿨해요. 다음에 또 다른 사람이 그 자리에 앉아 있으면 되니까요. 고독을 느낄 때 고독이라는 것의 일차적 징후는 바로 그런 거예요. 세상이 다 풍경으로 보여요. 세상이 다 죽어 있는 걸로 보이는 거예요. 몰입할 것이 없는 거죠.

그렇다면 고독을 해소하는 방법, 그러니까 세상을 풍경으로 보지 않는 방법은 무엇일까요? 어린아이처럼 세상 모든 것에 몰입하는 것은 불가능합니다. 풍경으로 보이지만 그것들 중 만지고 싶은 것이 있는지, 다시 말해 더 몰입하고 싶고 더 들어가고 싶은 것이 있는지 살펴보는 거예요. 반드시 있을 겁니다. 아니, 있어야만 합니다. 베토벤보다 슈베르트가 더 좋다거나, 짜장면보다 짬뽕이 더 좋다거나, 현지보다 희정이가 더 좋다거나, 뭐 이런 것을 발견해야만 합니다. 그 순간 모든 것이 풍경이 아니라는 사실을 알게 될 겁니다. 여기서 우리는 고독을 그나마 감소시킬 수 있는 기회를 얻게 될 겁니다.

다시 원론으로 돌아올게요. 고독이라는 건 자의식이 강한 상태입니다. 우리가 고독을 이해할 때 제가 강조했던 게 있죠. 세계에 몰입하지 못한다는 거요. 몰입을 못 한다는 건 나 자신의 자의식이 강하다는 거예요. 자신에게 집중하는 거고, 긴장되어 있는 거예요. 이 세계를 풍경으로 보는 겁니다. 자신을 제외한 모든 것에 대해 몰입하지 못해요. 나에게만 몰입해요. 나에 대해서만 몰입하는 겁니다. 그런데 몰입을 하면 할수록 우리는 분열증에 빠져요. 우리의 문제가 그거죠.

전략으로서의 고독

그렇다고 고독이 나쁜 것만은 아닙니다. 기억해야 할 게, 고독하다는 것은 우리가 살아가기 위한 하나의 대응일 수도 있다는 거예요. 세계를 다 풍경으로 보면 상처를 받지 않거든요. 직장에서 상사가 일을 왜 이따위로 하냐면서 욕할 때 있죠? 그럴 때, 그 상황을 그림이나 영화로 보면 돼요. 부모님이 야단칠 때 순간적으로 부모님을 화면처럼 보면 편해져요. 저도 돌아가신 아버지께 야단을 맞을 때 생긴 버릇이 하나 있는데, 전 야단을 맞으면 하품이 나왔어요. 의식을 자꾸 끊으려는 거죠. 온전히 받아들이면 힘드니까요. 예를 들면 꼬맹이 입장에서 부모가 다투는 상황은 상당히 위기잖아요. 현실적인 고민도 해야 되고요. '아버지를 쫓아갈까, 어머니를 쫓아갈까?' 이런 고민에서부터 '이러다 이혼하는 거 아냐?', '어머니가 밥을 해 줄까?' 이런 고민까지. 저는 이런 생각이 들 때, 졸음이 왔어요. 자기만의 세계로 들어가는 거죠. 세계를 풍경으로 만드는 방법이에요.

상대의 말을 이해하려고 하면 그 사람이 나에게 쳐들어오는 거거든요. 세계를 풍경으로 만드는 법을 하나 알려 드릴까요? 누군가 떠들 때 그 사람 이를 보는 거예요. 이가 몇 개 보이는지 빤히 보고 있으면 희미한 미소가 떠올라요. 말을 많이 듣지 않고 다른 걸 보는 겁니다. 개미가 지나가면 개미만 보는 거예요. 보호의 방식인 거죠. 누군가 나를 해치려 하거나 공격하려고 할 때, 약간 멍 때리고 못 들은 것처럼 행동하죠? 누군가 나에게 이별을 고할 때, 이럴 때 있잖아요. '음, 뭐라고 했어?' 순간적으로 그럴 때가 있어요. 다 들어 놓고서는 차단을 하는 거죠. 헤어지자고 할 때 다른 걸 보거나 못 들은 것처럼 반응하죠. 고독의 보호막이라고 해야 할까요?

이렇게 세상에서 물러나 세계를 모조리 다 풍경으로 보는 것도 괜찮아요. 상처 받을 일이 많잖아요. 그런데 나를 야단치거나 뭐라고 하는 사람을 풍경으로 볼 때, 나는 어떻게 될까요? 저 창 바깥에 있는 것처럼 순간적으로 보호가 될 거예요. 그런데 동시에 그 안에 갇히죠. 고독이 좋다는 분들은 다시는 상처를 받지 않을 거예요. 대신 다시는 세상과 접촉하지 못해요. 지금 상처받은 것들로부터 자신을 보호하기 위해서 보호막을 치는 것은 괜찮아요. 한 번 정도면 되는데, 아예 그 안에 들어가서 사시는 분들이 있어요. 그건 갇힌 거죠. 언젠가는 그 풍경으로 보는 세상을 찢고 나와야 됩니다. 그러니까 잊지 말아야 합니다. 고독은 일회용 반창고일 때에만 의미가 있다는 사실을 말입니다. 상처가 날까 봐 계속 반창고를 붙이고 있는 것은 얼마나 우스운 일인가요. 생살에 그렇게 반창고를 붙이고 있다가는 탄력이 있던 피부도 어느 사이엔가 쭈글쭈글해질 겁니다. 한마디로 아름답지 않게 된다는 거예요.

고독은 병에 비유하자면 자폐증과 같은 겁니다. 자폐 증상이 있는 아이들은 세계가 너무 큰 충격을 줬을 때 자기 내면으로 들어가 문을 잠가요. 가령 사랑하는 사람들이 다 죽었다면 아이들이 그걸 어떻게 받아들이겠어요? 충격을 받으면 안으로 들어간단 말이에요. 나가기 무서우니까 잠근 거예요. 그렇게 아이처럼 잠가요. 보호받으려고요. 고독은 그런 거예요. 마치 방 안에서 문을 잠그고 있는 것과 같아요. 그런데 그 안에 들어가면 세상이 그림이 돼요. 아이는 바깥이 어떻게 변했는지 모르죠. 안에 들어가 있으면, 평화가 오고 봄이 와도 몰라요. 그래서 그 안에 너무 오래 있으면 안 돼요. 언젠가는 열고 나와야 합니다. 언제 열고 나가죠? 이게 고독한 사람이 가진 일종의 병폐인데요, 밖이 안 보이니까 바깥에서 무슨 일이 일어나는지 모르죠. 물론 바깥의 소리는 들려요. 어머니가 혹은 누군가가 그리 해 준다면 좋겠죠. 괜찮다고 계속 안아 주고 따듯하게 대해 줄 때, 언젠가 한번 용기를 낼 수 있을 거예요.

몰입이 어려운 이유 : 몰입을 방해하는 시대

학창 시절에 책상 위에는 교과서가 있고 밑에는 자기가 보고 싶은 책이 깔려 있었던 것 기억나세요? 교과서를 보면 우리는 몰입이 안돼요. 교과서는 몰입이 안되는 매체거든요. 하긴 개개인의 행복을 위한 것이 아니라 공동체의 규칙을 익히도록 하는 것이 교과서의 본질이 아닌가요? 그러니 당연히 교과서는 몰입이 힘든 매체일 수밖에 없지요. 그렇지만 나를 끌어당기기보다 나를 밀치는데 나는 어떻게라도 거기 가 보겠다고

애를 쓰죠. 공동체의 규칙에 복종하게 하기 위해서 공동체는
당근과 채찍을 적절히 사용할 테니까요. 그렇지만 교과서 밑
에 깔려 있던 책, 내가 숨겨 놓은 책은 나를 빨아들이죠. 그래
서 학교에서는 책 읽는 것을 통제해요. 교과서를 읽혀야 하니
까요.

    무언가에 몰입한 학생은 선생도 교칙도 심지어는 수업 시
간마저도 신경 쓰지 않습니다. 그만큼 나를 매료시킨 책은 나
를 꼼짝 못하게 잡아 놓습니다. 심지어 학교도 못 가는 경우가
벌어지기도 하죠. 책에 몰입하느라 말입니다. 옛날에 문인들이
책을 읽느라고 학교에 못 갔다는 경험을 써 놓은 책도 있어요.
여러분도 그런 적 있나요? 연배가 높거나 정신적으로 성숙한
분들 빼고는 이런 경험이 별로 없을 겁니다. 여러분은 너무 안
좋은 시대에서 사셨던 거예요. 몰입을 금지하는 시대, 저희 때
보다 교재를 더 많이 봐야 하는 시절이요. 그러니까 주변에 몰
입을 방해하는 교재들만 널려 있죠.

    공부 잘하는 놈들은 독한 놈들이에요. 자기를 밀어내는
교재를 억지로 쑤시고 들어간 아이죠. 우리는 그냥 밀리면 밀
리거든요. 밀리는 게 자연스럽죠. 몰입이 안 되는데, 무언가를
하는 건 불행한 일이지요. 교재에 억지로 들어가려는 아이는
부모가 평생의 반려자를 지정한 어느 아가씨와 같은 신세라
고 할 수 있죠. 이 남자랑 결혼하라고 하니까 그 남자를 계속

쳐다보며 익숙해지려고 노력하죠. '내 남편이다. 내 남편이다. 사랑해야 한다, 사랑해야 한다' 이렇게 자기 최면을 시도하면서요. 어떻게 이 아가씨가 행복할 수 있겠어요. 그러니까 공부를 잘하는 아이들은 성공한 아이가 될 수는 있지만, 행복한 아이가 되기는 힘든 법이죠. 그 아이들이 나중에 보면 다 망가져 있는 것처럼 보이는 이유가 뭘까요? 돈은 잘 벌지만 망가져 있는 느낌이 든다고요.

반면 주변에 돈은 잘 못 벌지만 자기가 하고 싶은 거 했던 친구들은 지금도 그 일에 몰입을 해요. 여러분은 그런 일을 하고 있나요? 직장 다니시는 분들은 몰입하고 있는 일을 하고 있나요? 그렇다면 괜찮아요. 외로울 틈이 없죠. 어때요? 몰입이 안 되죠. 억지로 회사에 가죠. 회사는 자꾸 나를 밀어내는데 굳이 문 열고 들어가서 출근부에 카드를 찍어요. 거기에 앉아서 생각을 하는 거죠. 조금만 기다리면 돼요. 12시면 점심시간이 다가와요. 그래서 우리의 몰입은 밥이죠.(웃음) 제 집필실이 광화문에 있는데 관찰을 해 보면 직장으로 들어갈 때 사람들의 표정들이 있어요. 사람들이 어느 때 제일 행복한지 아세요? 광화문에 사무실 많잖아요. 11시 45분부터 사람들이 사무실에서 나오기 시작해요. 광화문 근방은 12시부터 1시 10분까지 진짜 예쁘게 활짝 펴요. 너무 좋아요. 사람들이 행복해요. 카페에 앉아서 사람들 얼굴 표정을 보면, 저렇게 좋아하는 밥이나 계속 드시면 되는데 굳이 일하러 다시 들어가서 고생을 하는구나 싶어요.

권력은 여러분을 고독으로 몰고 갑니다. 무아지경에 이르지 못하게 하죠. 왜냐하면 CEO도, 자본도 여러분이 무아지경에 이르는 걸 싫어해요. 왜요? 일을 해야 하는데 사람들이 갑자기 가을에 낙엽 진다고 창가를 보면서, 저녁노을을 보면서 눈물을 흘리고 있어요. 내일 발표할 자료를 만들어야 하는데, 그러고 있어요. 그거 못 하게 하는 거예요. 그래서 우리가 자본주의에 저항하는 방법은 나 자신이나 세상을 모두 '낭만화하는Romanticize' 겁니다. 극단적인 예를 들어 볼까요? 마음이 울적하거나 기쁠 때, 술을 많이 마시는 거예요. 그럼 우리는 그만큼 낭만적으로 변할 겁니다. 당연히 출퇴근 시간이 왔다 갔다 하죠. 왜 이렇게 늦었느냐고 물으면 쿨하게 이야기하는 겁니다. '어제 노을이 너무 멋져 와인 좀 마셨어요. 언제 노을 보신 적이 있나요?' 물론 자본은 우리의 낭만적 삶을 부정할 겁니다. 낭만적인 사람은 세상에 대한 몰입도가 높은 사람이니까요. 그러니 자본의 입장에서는 하나씩 하나씩 몰입도를 줄이려고 할 거예요. 그러니 낭만을 위한 싸움을 시작하려면 우리가 먼저 되새겨야 할 것이 있습니다. 그것은 뭐죠? 고독을, 멋이라고 자랑하지 말자고요. 일차적으로 우리는 상처받았어요. 고독하도록 내밀린 겁니다. 이걸 명심해야 합니다. 그래서 반드시 삶의 행복을 찾으려면 우리가 지향해야 할 게 몰입할 수 있는 것을 찾는 거예요. 몰입을 못 하면 죽은 거니까요.

몰입의 방법들

어떻게 하면 몰입을 할 수 있을까요? '몰입의 감각을 어떻게 키울까?'라는 것이 문제인데요. 우리한테는 문학도 있고 예술도 있죠. 다시 한 번 몰입의 감각을 떠올려 보세요. '학창 시절 교재 밑에 깔아 놨었던 그 책의 감각을 어떻게 살릴 것인가?' 다시 한 번 몰입을 하는, 시간 가는지 모르는 세계를 조금씩 여는 거죠. 학창 시절에 여러분들이 자라면서 뺏긴 거예요. 제 어머니께서 제가 문학 책을 읽으면 옆에서 그러셨어요. "그거 읽으면 돈이 나오니, 쌀이 나오니?" 그런데 돌아보니 그 당시에도 돈이랑 쌀은 안 나올 것 같았어요. 교과서를 공부하는 게 좋을 거 같았죠. 하지만 다시 제가 그 시절로 돌아가면 어머니께 "행복해요, 엄마"라고 했을 것 같아요. 그걸 찾는 거예요.

어떻게 찾을 수 있을까요? 나에게 그게 뭘까요? 기다려야 될까요? 어떻게 할까요? 화면을 내가 찢을까요? 저 같은 사람이 와서 유리창에 돌을 던져서 폭풍우가 들어오도록 만들까요? 아니면 여러분들이 깰까요? 먼저 스크린부터 만지는 것도 방법이겠네요. '똑같네' 뭐 이런 자각을 하거나, '유리에 불과하네' 이런 자각도 하겠죠. 그건 제가 해결해 줄 수 없는 부분 같아요. 순간적으로 몰입하게 해 드릴 수는 있어요. 예를 들면 제가 강의하다 옷을 다 벗는 거죠. 그런데 그게 의미가 없는 것이 두 번째 벗으면, '병인가 보다. 쟤는 그냥 노출증인가 보다' 이러고 넘어가게 되잖아요. 문제는 지속적인 몰입이죠. 가면 항상 몰입이 되는 곳, 만나면 항상 몰입이 되는 사람, 먹으면 항상 몰입이 되는 그것. 그런 것들을 찾는 게 문제예요.

그래서 우리 인간이 고독을 느낄 때 몰입을 위해서 대대로 해 왔던 것들이 대마초, 마약, 술 이런 것들이에요. 니체가 아폴론Apollo이 아니라 디오니소스Dionysos를 좋아했던 것은 유명한 이야기입니다. 아폴론이 세계에 거리를 두고 평가하는 이성을 상징한다면, 디오니소스는 세계에 몰입하는 감성을 상징하니까요. 한마디로 아폴론이 고독한 모범생이라면, 디오니소스는 무언가에 몰입하는 불량 학생이라고 할 수 있습니다. 과거 고대 그리스에서는 디오니소스 축제가 있었잖아요. 그날은 내가 나로 있는 자리가 아니라 술 마시면서 사랑을 나누고, 축제 속으로 들어가는 거예요. 우리의 주변을 잘 살펴보시면 디오니소스 축제와 비슷한 여러 가지 현상들이 있죠. 물론 권력과 자본의 강한 개입으로 범죄나 일탈 혹은 정신 이상으로까지 치부되곤 하는 현상들입니다. 게임에 몰입하는 꼬맹이들도 있고요. 최근에 이상한 약들도 있잖아요. 그것들을 저는 그렇게 나쁘게 보진 않아요. 대마초 같은 것들도 괜찮거든요. 그러니까 타인을 파괴하지 않는 이상 모든 게 허락되어야 한다고 봐요. 대마초 피운다고 사람 안 죽이거든요. 연주를 잘 하려고, 몰입하려고 그러는 거거든요.

　젊은 사람들이 우울증에 걸리면 술이랑 담배를 한다는 통계 조사도 나오죠. 사회가 사람들을 우울증에 걸리지 않게 하면 그 사람들이 술이랑 담배를 하지 않아요. 그러니 그거라도 해야 돼요. 그러니까 우리 인간이 그걸 개발한 거예요. 그래서 술도 있고, 춤도 있고, 예술도 있죠. 영화도 사실 우리를 몰입시키는 매체 아닌가요? 블록버스터 영화를 보면 기분 좋죠. 확 빠져드니깐 좋잖아요. 김기덕 영화는 싫어하죠. 왜냐면 이 영화는 몰입이 안 되고 나를 빨아들이는 게 아니라 생각하도록 만들죠. 몰입을 거부하는, 몰입을 싫어하는 작가죠. 김기덕 감독은 제가 봤을 때 고독한 작가예요. 자기 세계로 못 들어오게 만들어요. 우리 매체들을 보세요. 음악에서부터 모든 것들에 해방적 기능이 존재해요. 이런 것들이 인간이라면 누구나 겪고 있는 고독에서 빠져나오는 방법들인 거예요. '어떻게 하면 더 빠르게 몰입할 수 있을까, 그렇게 해 줄 수 있는 수단이 뭘까?'라는 생각을 해본 거죠.

　지금은 참한 부인이 되어 버린 제자가 한 명 있는데요. 그 제자가 남자 친구랑 동남아에 갔을 때 대마초를 피운 적이 있어요. 남자 친구는 평소에 담배를 피워서 대마초가 그다지 힘이 없었나 봐요. '기분 좋다' 뭐 이런 정도인데, 제 제자는 담배를 안 피우거든요. 이 제자는 항문이 다 열렸어요. 숙소에서 항문이 통제가 안되는 거예요. 완전히 녹는 거예요. 우리는 그걸 몰입이라 부르는데, 무아라는 게 별것 아니에요. 항문이 다 열리는 거예요. 근육이 다 이완되는 거죠. 사람은 죽을 때 근육이 이완되죠. 죽고 나서 경직이 됐다가 이틀 정도 염을 하고 경직이 풀리면 사람 몸이 처음으로 다 열려요. 잡아뒀던 게 이완되니까 오만 구멍에서 다 쏟아져 나와요. 산다는 건, 사는 것의 정의는 항문을 조이는 거예요. 몰입과 무아의 육체적인 경험은, 드러나는 건 다 열리는 겁니다. 이 경험이 매력적인 게, 완전히 어떤 것에 몰입한다는 거예요. 나를 떠나는 거죠.

생각을 해 봐야 돼요. 나를 놓을 수 있는 기술이 우리에게 필요한데, 그 방법들은 여러분이 찾아내야 하는 거예요. 그리고 그걸 '어떻게 증진시킬까?'가 다음 문제인 거죠. 이거 굉장히 소중한 거예요. 예를 들어, 남자 친구에게 식스팩이 없을 때 불을 켜고 사랑을 나누는 건 상당히 위험한 짓이죠.(웃음) 몰입도를 낮출 수 있다고요. 그러면 어떻게 해요? 불을 꺼야죠. 이런 방법들인 거예요. 있는 그대로 보겠다고 하지 마시고요. 봐야 몰입도가 높을 때가 있고, 눈을 감아야 몰입도가 높아질 때도 있어요. 제가 지금 우스갯소리로 하지만 이건 여러분의 기술이에요. 고독에서 벗어나는 기술은 '고독의 상태니 여기서 건너뛰자'는 발버둥보다 일단은 '몰입도를 어떻게든 높여야 되는데 이 몰입의 방법이 나에게는 무엇일까?'라는 고민을 해 보는 거예요.

고독과의 싸움, 세상에의 몰입

남자와 여자 중에서 누가 변비가 많아요? 여자가 많죠. 억압이 그만큼 많은 거예요. 힘든 거죠. 몸은 자신의 바로미터예요. 변비가 많으면 사는 게 힘든 거예요. 변비가 줄어들면 여러분들은 슬슬 괜찮아지는 거예요. 힘없고 억압받는 자들이 더 항문을 조이고 살게 돼요. 아침에 일어나서 화장실에서 똥 잘 누시는 분들은 괜찮은 분들이에요. 행복하죠. 못 누시는 분들이 제일 힘든 분들이에요. 이것도 이제 마찬가지죠. 고독이 무엇인 거 같아요? 변비의 느낌과도 같아요. 변비에 걸려본 사람은 고독의 느낌과 같다는 걸 알아요.(웃음) 웃으시면 안 되고요. 제 얘긴 항상 철학적 근거가 있잖아요.

돌아보면 우리 인간에게는 항문을 꽉꽉 조이게 하는 제도가 있고요, 그것과 싸워 항문을 시원하게 열어 놓으려는 투쟁도 있습니다. 싸움이에요, 싸움. 제대로 살아 있으려면 항문이

풀려야 돼요. 죽기 전에요. 완전히 열어 놓는 거예요. 완전한 개방, 그게 몰입이거든요. 이럴 때 우리는 행복해질 수 있으니까요.

여러분에게 세계가 힘든가요? 육체적이든 장소적이든 시간적이든 관념적으로라도 거리를 두세요. 세계를 풍경으로 보는 연습을 하세요. 진짜 편해요. 세계에 그냥 노출되어서 마구 상처받는 것보다 고독으로 자기 내면으로 침잠하고 세계를 풍경으로 보는 게 하나의 전략이 될 수 있어요. 슬픈 전략이죠. 하지만 우리의 보호막은 또한 우리의 감옥이기도 합니다. 그래서 고독은 이중적이에요. 고독이란 감옥으로부터 어떻게 빠져나올 수 있을까요? 자폐증에 빠진 아이를 구하는 방법이 힌트를 줄 수 있을 것 같습니다. 어머니는 아이를 더 따듯하게 안아 주어야 합니다. '애야! 엄마가 있는 이곳은 생각보다 따듯한 곳이야'라는 말을 계속 속삭여야 하지요. 그러면 어느 순간 아이는 자신이 잠갔던 문을 스스로 열고 조심스레 나올 수 있을 겁니다. 여러분들도 아주 따듯한 사람을 만나서 그 사람이 바깥에서 계속 외쳤으면 좋겠어요. 괜찮다고, 나와도 된다고요. 그런 사람을 못 만나면 계속 그 안에 계시는 거예요.

고독해지는 내 모습과 계속 싸워야 할 겁니다. 세계를 풍경으로 보는 게 아니라 세계에 몰입하는 걸 찾아야 해요. 그게 상처가 되는 건 맞아요. 촛불이 예쁘면 만지고 싶죠? 그래서 처음에는 그걸 만졌을 테지만 이제 그게 뜨거운 걸 아니까 다시는 안 만지죠. 그러면 촛불은 계속 풍경으로 있는 거에요. 그런데 상처받았다고 바로 떨어져 나가면 나의 세상은 아무것도 못 만지는 세상으로 변해요. 따듯한 사람, 혹은 몰입할 수 있는 사람, 그러니까 사랑하는 사람을 만나는 것은 그래서 인생 최고의 행운이라고 할 수 있습니다. 그렇지만 행운은 아무에게나 오지는 않지요. 스스로 고독을 깨기 위한 적극적인 몸부림이 있어야 합니다. 춤도 춰 보고 노력은 해 볼 수 있어요. 해 보는 데까진 해 봐야 되겠죠. 어쨌든 방법은 알았으니까요. 그렇게 하다 보면 나를 가두고 있는 그 감옥의 두께가 좀 얇아질 수도 있을 거예요. 하지만 '궁극적으로는 그런 어머니 같은 존재가 필요하지 않을까' 그런 생각이 들어요. 따듯한 사람이요. 어쨌든 따듯한 사람이 여러분을 나올 수 있게 괜찮다고, 여기는 괜찮다고 말해줬으면 좋겠어요.

궁극적으로 보면 사회나 구조가 좋아져야 되겠죠. 사람들이 바깥으로 나와도 따듯하고 몰입할 수 있게요. 몰입할 수 있는 대상이 있다는 것은 왜 좋을까요? 그것은 내가 살아 있다는 걸 긍정하게 해 줘요. '내가 살아 있으니 이런 걸 내가 보네' 이런 느낌이죠. 이럴 때 우리가 어떻게 고독으로 물러나거나 심지어 자살을 시도할 수 있겠어요. 이렇게 몰입할 것이 있고, 그 때문에 설레고 행복한데 말입니다. 몰입할 수 있는 대상은 사람이 아니어도 상관이 없습니다. 좋은 영화나 소설, 음악도 그 역할을 충분히 할 수 있으니까요. 반면에 친구들이 싸우거나 가족이 서로 죽이려고 그럴 때는 어른들이 그러잖아요. 내가 오래 살아서 못 볼 꼴을 본다고요. 이럴 때 눈 감고 싶잖아요. 이 메커니즘은 중요한 거예요. 이걸 잘 생각해 보셔야 되죠.

예쁜 사람 콤플렉스에서 벗어나기

스물아홉 살 여성입니다. 고향이 경남 금산인데 회사 생활을 하느라 서울에 올라와 있어요. 요즘 저는 저의 세상이 완전히 뒤집어진 느낌입니다. 저만 잘하면 되는 줄 알았는데 그게 아니었던 모양입니다. 회사에서도 착하게만 굴다 보니 회사 동료들은 제가 맡아서 하는 일들을 당연하게 생각합니다. 회사에서 막내 생활만 3년을 하다 보니 안 그래도 낮은 자존감이 바닥을 치는 것 같습니다. 여기에 더해 서울 생활에 적응하느라 힘들어서 잘 챙기지 못했던 친척 분들까지 저에게 서운함을 내비치십니다. 미리 잘 챙겨드렸어야 했다는 생각도 들지만 너무 외롭고 힘듭니다.

일단 상처를 전혀 안 받으시려는 분이에요. 촛불을 안 만지려는 분이에요. 전형적인 캐릭터죠. 일종의 고독 상태에 들어가 있는데 가족, 회사 관계에서도 드러나는 것 같아요. 일단 모든 사람이 가지고 있는 게 예쁜 사람 콤플렉스인데요. 나는 착하고 예쁜 사람이어야 하고, 칭찬받는 사람이어야 된다고 여기는 겁니다. 여기에서 빨리 벗어나야 돼요. 이건 아기와 같은 상태인 거예요. 이런 사람들은 주변 눈치를 보면서 일을 해요. 주위에서 예쁘다고 하면 일을 하죠. 여러분들은 다른 사람들이 예쁘다고 하는 행동을 하느라 자신이 욕망하는 건 전혀 안 하실 거예요. 그러니까 한 번도 스스로 촛불을 만졌거나 뭘 잡아 보거나 하지 않은 거예요. 자기가 욕망한 것에 몰입하지 않은 겁니다. 그러니까 다른 사람이 나를 어떻게 볼까만 생각하잖아요. 그래서 회사에서도, 가족 관계에서도 눈치 보고 사는 겁니다. 눈치를 보는 건 괜찮아요. 압도적인 힘 앞에서 생존하려면 눈치를 보는 건 당연한 일이니까요. 그런데 회사 동료나 가족에게 예뻐 보이려고 그래요. 친척들도 나를 욕하지 않았으면 좋겠다는 거예요. 그래서 자꾸 그 얘기를 하는 겁니다. 미리 챙겼어야 했다면서요. 왜 친척들을 챙겨요? 안 해도 되거든요. 기본적으로 자꾸 예쁘다는 얘기를 들으려고 그러는 거예요. 그러니까 힘든 거예요. 남 눈치를 보는 걸 넘어서 남에게서 예쁘다는 소리를 들으려는 겁니다. 이렇게 되다 보니 일종의 고독 상태에 이르게 된 겁니다. 아무도 자신을 있는 그대로 인정하지 않으니까요. 그런데 그건 바로 본인이 초래한 것 아닌가요? 지금 자신의 욕망에 따라 당당하게 세상에 몰입하는 것이 무서운 겁니다. 자신의 욕망을 드러내면 다 상처로 자기에게 다가온다고 생각하니까요.

기본적으로 자꾸 예쁘다는 얘기를 들으려고 그러는 거예요. 그러니까 힘든 거예요. 남 눈치를 보는 걸 넘어서 남에게서 예쁘다는 소리를 들으려는 겁니다. 이렇게 되다 보니 일종의 고독 상태에 이르게 된 겁니다. 아무도 자신을 있는 그대로 인정하지 않으니까요.

이런 문제는 고민을 토로하신 이분뿐만 아니라 여러분 모두에게도 있을 거예요. 어른이 된다는 게 만만치가 않기 때문이죠. 예쁜 사람 콤플렉스를 버려야 어른이 되니까요. 그래야 스스로 욕망하고 스스로 행동할 수 있습니다. 이럴 때 진정한 어른, 삶의 진정한 주인이 될 겁니다. 고독의 문제가 아니라 예쁜 사람 콤플렉스에서 벗어나야 돼요. 이 콤플렉스만 버리면 고독도 얼마 지나지 않아 씻은 듯이 사라질 테니까요.

삶을 잘 살려면 어떤 것을 결정하든 부모님에게 '이기적이다'는 말을 들어야 해요. 부모님이 여러분에게 이기적이라고 말씀하시면 무조건 자신감을 가지면 돼요. '드디어 내 삶을 사는구나'라고 생각하시면 돼요. 명심하세요. 예쁜 사람 콤플렉스를 벗어난다는 것은 누군가로부터 이기적이라는 말을 들을 때라는 것을요.

내가 이타적으로 산다는 건, 엄마 말을 잘 듣는 거예요. 정신들 좀 차려요. 왜 이타적으로 살아요? 이기적으로 살아야죠. 여러분들이 어른이 된 지금 부모님이 그러실 수 있어요. '네가 내 배에서 낳은 아이인지 모르겠다. 넌 왜 이렇게 이기적이니?' 그러면 이렇게 하시면 돼요. '어머니, 5,000만 원만 주세요. 나가서 살게요.' 이렇게 쿨하게 하면 되는데 이기적이라는 얘기 듣기 싫죠? 그러면 다른 사람 눈치를 볼 수밖에 없어요. 그러니까 다른 사람 시선이 자신의 입장보다 너무나 크게 작용한다는 겁니다. 구체적으로 예쁜 사람 콤플렉스를 벗어나는 방법을 조언해 드릴까요? 방법을 가르쳐 드릴게요. 금산도 보수적인 동네로 유명하잖아요. 그러면 염색을 하세요. 빨간색으로요. 그러면 친척들이 욕을 할 겁니다. 뭐 어때요? 내가 하고 싶은 걸 했는데. 그렇게 하나씩 하나씩 깨는 거예요. 친척이나 가족들이 원하는 것을 하는 것이 아니라 자신이 원하는 것을 하는 겁니다. 만약 그들이 정말로 내가 원하는 것을 부정한다면, 그때가 되어서야 명확히 알게 되겠지요. 이들을 떠나야 한다는 것을요. 아니 어쩌면 그들이 나를 떠나게 될지도 모르지요. 자신들이 힘드니까. 어느 경우이든 마침내 더 이상 친척이나 가족들에 좌지우지되지 않는 삶이 시작되는 셈입니다.

나를 사랑하겠다는 비겁한 결심

저에게는 2년 반 동안 사귄 남자 친구가 있습니다. 남자 친구를 만나기 전에는 결혼을 못 할 수도 있다고 생각했고 언제 죽더라도 별 미련이 없다고 생각하며 살았는데 연애를 하게 되면서 이 사람을 뿌리 삼아 살아 봐야겠다는 생각을 하게 됐습니다. 결혼을 생각하고 부모님께 인사를 드렸는데, 부모님은 제 남자 친구를 맘에 들어 하지 않으셨습니다. 제가 진정 이 사람을 사랑한다면 무슨 일이 있어도 같이 살겠다고 하면 될 텐데 그러지 않는 저를 보며 남자 친구를 진정으로 사랑하지 않는 것 같다는 생각이 들었습니다. 진짜 문제는 제가 제 자신을 사랑하지 않아서 그런 것 같다는 생각에 다다랐습니다. 저 자신을 사랑하지 않기 때문에 다른 사람도 사랑할 수 없는 것 같아서 괴롭습니다. 그래서 일단 저 자신을 사랑하면 자존감이 생길 거고 그러면 다른 문제들도 쉬워질 거고 부모님도 좀 더 제 의견을 존중해 주실 거란 생각이 들었습니다. 자신을 사랑하지 못하는 그 고독은 정말 공허함 자체인 것 같습니다. 제 자신이 빈껍데기 같은 느낌입니다.

어른이 되어야 하는데 아직도 아기 상태에 머물러 있는 사람의 고민이지요. 아기인 사람은 자기가 결정을 못 해요. 결정을 하려 그래도 '떼찌' 그러면 안 해요. 방법은 부모님이 돌아가실 때까지 기다리는 거예요. 가장 좋은 방법이죠. 왜냐하면 내가 어른이 되지 않아도 부모님이 돌아가시면 '떼찌'할 사람이 없거든요. 그거 기다릴 수는 없으시죠? 부모님 정정하시죠? 그럼 이제 별다른 방법은 없습니다. 부모님을 해치거나 그런 건 안 되니까 이제 본인이 어떻게 하든 어른이 되는 수밖에 없습니다. 나를 사랑한다고 해결되는 문제는 아니에요. 이게 좀 잘못된 거 같아요. '나를 사랑하자, 나를 사랑하자'라고 하지 마세요. 고독하게 자꾸 자기에게 말려들어가는 것들을 미화하는 형식이 '나를 사랑하자'잖아요.

애인이 고독에서 벗어날 동아줄 같은 거였어요. 그런데 그 동아줄 잡고 못 올라가신 거예요. 그 문제는 나를 사랑하지 않아서가 아니에요. 지금 비겁한 게 애인을 잡아야 되는데, 애인을 안 잡으려고 자기를 잡는 거예요. 차라리 다른 남자를 잡으면 쿨하기라도 하죠. 본인을 사랑한다? 지금 문제가 이 남자를 사랑할까 말까인데, 그럼 뭔가를 해야 되잖아요. 그런데 아무것도 안 하고 있으니 뭔가 찜찜하잖아요. 사랑하지 않는 것 같고 내가 비겁한 것 같으니까 나를 사랑하자고 하는 건 제가 봤을 땐 정말 비겁한 도피로 보여요. 남자 친구만 계속 사랑하면 그게 바로 자신을 사랑하는 거예요. 어머니 앞에서 '어머니, 생각을 해 봤더니 호적을 파야 될 것 같아요'라고 할 수 있겠어요? 어른이 되는 거예요. 어른이 되는 방법이에요. 안 그러면 나중에 부모님이 '이 결혼 찬성일세!'라고 하는 상대와 결혼하게 되실 거예요. 예쁜 딸로 머무실 겁니다. 그러다가 부모님 다 돌아가시면 알게 돼요. '이게 뭐지? 나는 한 번도 제대로 살지 못했네?' 이런 생각을 하게 되실 거예요.

〔저도 제가 뭔가를 다 잊을 만큼 제대로 살아 본 적이 없다는 걸 알아요. 그래서 결혼을 하면 그 결혼이라는 제도 속에 편입돼서 그냥 좋은 엄마로 살아가게 될 것만 같은 불안감이 있잖아요. 이상한 짓 한번 못 해 보고요.〕 부모랑 헤어지는 것보다 남편이랑 이혼하는 건 더 쉬워요. 그러니까 너무 걱정하지 말아요. 제가 봤을 때는 이런 거예요. 바보들만 '내가 판단을 한 게 잘못 됐을 수 있다' 이렇게 생각하고 자신이 판단한 것을 스스로 부정해 버리죠. 결국은 어떤 행동도 취하지 않아요. 그렇지만 현명한 사람은 자신이 판단할 때 '지금은 이게 맞아. 오케이' 이렇게 해요. 그리고 자신이 생각한 대로 행동을 개시하죠. 물론 조금 지나고 나서 후회가 될 수도 있어요. 그럼 아닌 거고요. 다르게 행동하면 되죠. 그러니까 예쁜 사람 콤플렉스가 그거예요. 한 번의 선택으로 완벽한 스토리로 살고 싶은 겁니다. 그러니 주저하는 겁니다. 지금 선택이 완벽한 것인지 확실하지 않으니까요. 결국 어떤 선택도 할 수 없게 되지요. 그냥 마음 가는 대로 선택하고 행동하세요. 나중에 수정하면 되니까요.

〔제가 생각하기에 진짜 제가 확신이 들면요?〕 확신이 아니라 감각만 믿으셔야 해요. 헷갈릴 때 여러분들이 하셔야 될 게 감각을 믿는 거예요. 확신이라는 것을, 미래로 생각하지 마

시고 '지금' 감각을 믿으세요. 힘들면 냄새만 생각하세요. 제가 드리는 교훈이에요. 마치 좋았던 이성의 냄새를 기억하는 것처럼, 대개 냄새는 영원히 가요. 감각만 믿으시면 돼요. 머리 쓰지 말고요.

감각을 믿으라고 했을 때는, 딜레마가 있는 거예요. '이쪽일까? 저쪽일까?' 이런 상황인 거죠. 제가 이렇게 물어볼게요. 어머니랑 있는 게 편해요, 남자 친구랑 있는 게 편해요? (남자 친구요.) 그럼 남자 친구랑 있어요. 확신은 머리에서 하는 거예요. 머리로만 지금 미래를 걱정하고 있는 거라고요. 그 남자와의 미래는 보장이 안 되는 것 같은 거죠. 제가 그랬잖아요. 뜨거운 촛불 만지는 건데 무슨 보장이 있어요? 뜨거울 수도 있고 아닐 수도 있고 그런 거죠. 더 용기를 내세요.

남자 친구가 계기예요. 지금은 나를 사랑하는 데 시간을 할애할 때가 아니에요. 이 세상에서 제일 끔찍한 경우가 '나를 사랑한다'는 경우예요. 나를 사랑한다는 의지는 아무 것도 사랑하지 않겠다는 아주 단호한 의지죠. 잘하면 해탈, 성불할 수 있어요. 그런데 나만을 사랑하는 순간, 우리는 다른 사람을 사랑하기 힘들어요. 나를 사랑하게 되면 다른 사람에게 몰입하지 못하고 나에게만 몰입하게 되거든요. 그게 무슨 몰입이에요? 분열이 돼서 몰입도 못 해요. 성장도 못하고 자기에게 계속 말리게 되죠. 그래서 나를 사랑한다는 결론에 이르면 안 돼요. 까먹지 말아야 돼요. 내가 언제 사랑스러워 보여요? 내 머리카락이 언제 사랑스러워 보일까요? 내가 좋아하는 사람이 내 머리카락을 예쁘다고 할 때예요. 내 걸음걸이가 언제 의식되고 사랑스러워요? '네가 걷는 거는 백조가 걷는 것처럼 우아하다'라는 남자 친구의 그 한마디를 들을 때, 내 걸음은 사랑스러워지는 거예요. 아무리 들여다봐요. 혼자서 다리를 들여다봐도, 못 찾아요.

독일 관념론이 우리에게 했던 이야기는 타자가 매개되지 않는 자기의식은 없다는 겁니다. 모든 자기의식, 나에 대한 의식은 타자가 매개된다는 거예요. 그래서 나쁜 타자를 만나는 게 비극인 거예요. 누군가 나에게 쓰레기라고 비난하면, 스스로를 돌아보게 돼요. 그리고 쓰레기를 찾게 되죠. 좋은 사람, 사랑하는 사람을 만나는 이유는 나를 사랑하게 만드는 나의 모습을 발견해 주기 때문이에요. 우리가 어떤 사람을 싫어해요? 자꾸 나의 허점을 지적하는 사람을 싫어하잖아요. 왜냐면 그 사람을 만나다 보면 자꾸만 나에게 허점이 있는 것 같은 느낌이 들기 때문입니다. 그러면 걔랑 만날 때마다 나는 쓰레기가 되죠. 나를 부정하게 되는 거예요. 이런 사람을 미쳤다고 만나요? 바보가 아닌 이상에 말입니다. 반면 어떤 사람은 만나서 그러는 거예요. '너는 정말 피부가 곱다.', '너는 옷을 잘 입는 거 같아.' '넌 정말 따뜻한 것 같아.' 이러면 그 의식으로 나를 돌아보게 됩니다. 그러니까 사랑 받아야 내가 나를 사랑해요. 다 미워하는데 나 스스로 나를 사랑하면 미친 거예요. 그런 사람들 있죠? 다 욕하는데 자기 혼자 '난 멋있지?' 이런 사람들 있잖아요.

만약에 본인이 남자 친구를 만나서 좋은 걸 많이 찾았다면, 가족도 부모도 본인이 스스로를 사랑하도록 못 만든 거예요. 그런데 남자 친구를 사랑한 건, 그 남자가 자신을 사랑하도록 만들어 줬기 때문입니다. 그런데 자기 혼자 그거 조금 얻었다고, 이제 자기 혼자 사랑해 보겠다고 하고 있잖아요. 하지만 남자 친구가 본인에게 이야기해 주었던 그것만 사랑할 거예요. 물론 남자 친구 역시 부모님이 그랬던 것처럼 나 자신을 사랑하지 못하게 만들 때가 올 수 있어요. 그럴 땐 헤어져야죠. 그래서 우리는 사랑이 필요한 겁니다. 그래서 여러분들을 싫어하는 사람, 나쁜 사람이랑은 가급적이면 빨리 헤어지고 떠나야 돼요. 그게 회사라면 6개월 정도 준비 잘해서 회사를 옮겨요. 그리고 여러분을 아껴 주는 곳으로 가야 돼요. 인생은 의외로 짧습니다.

본인을 사랑하지 마세요. 그게 제일 비겁한 거고 남자 친구가 주었던 그걸 어떻게든 우려먹어 보려고 그러는 거예요. 이 세상에서 살아오면서 그래도 내가 예쁘다는 느낌을 준 게 남자 친구였잖아요. 그래서 그 사람이 좋았잖아요. 그런데 부모님이 반대한다고 해서 그러면 어떻게 해요? 방법은 저주 받는 결혼을 하시는 거예요. 부모님의 축하 받는 결혼을 생각하시는 건 아니죠? 두 분이서 사세요, 그냥. 분위기가 왜 이러죠? 울지 마요. 그만 좀 울어요. 자꾸 남자 친구 생각나서 우는 거죠? 빨리 짐 챙겨서 나가요. 남자 친구에게 빨리 가요. 여기서 울지 말고요.(일동 박수) 나중에 남자 친구가 마음에 안 들면 버리면 돼요. 미래 걱정하지 말아요. 바보들만 그런다고요. 최선을 다해서 여러분 감각을 믿고 결정을 하세요.

'이게 잘못된 선택일 수도 있어.' 이런 생각을 하는 순간 여러분은 결정을 못 해요, 평생. 그러니까 결정을 하고, 거기서 실패도 하고, 또 거기서 배워야 합니다. 그리고 또 새롭게 결정하고, 거기서 다시 배우는 겁니다. 삶은 헬리콥터로 정상에 뚝 떨어지는 것이 아니라 한 걸음 한 걸음 힘들여 정상에 오르는 데 묘미가 있으니까요. 미래에 대해서 자꾸 어찌될지 모르겠다고 고민을 하는 거는 여러분이 비겁하다는 얘기밖에 안돼요. 그리고 미래를 계속 공포스럽게 그리면 그릴수록 지금 내가 선택해야 될 걸 포기하려는 거예요. 그래서 오지도 않는 미래에 오만 것들을 투사한단 말이에요. 지금 것을 포기하겠다는 건, 안 하겠다는 말이에요. 관념적으로 이상한 방식으로 저울추를 맞추는 거죠. 오지도 않은 엄청난 불행을 한쪽에 놓고 지금의 행복을 한쪽에 놓으면서, 어느 한쪽이 커져서 다른 걸 붕괴시킬 때 말하는 거죠. '헤어져야 되겠어.' 아주 확신에 차서요. 확신 같은 소리하고 있네요. 결정을 하세요. 어떤 사람을 만날 때는 '아, 그 사람 냄새가 좋다'라는 느낌으로 만나요. 비유가 아니에요. 냄새가 아니라 분위기일 수도 있죠. 이런 건 대부분 오래 가요. 하지만 상대방의 학벌, 연봉 같은 것들은 얼마 못 가죠. 매번, 여러분의 코를 믿으세요.

가출하세요

부모님과 일곱 살 어린 남동생, 그리고 제가 함께 살고 있습니다. 저는 어렸을 때부터 가족들과는 너무 달랐어요. 가치관, 취향, 행동 심지어 식습관까지 전반적인 모든 게 그렇습니다. 가치관과 생각의 차이로 언제나 갈등이 일어나고 매일같이 지쳐요. 어렸을 때부터 부모님은 항상 저보고 '이상하다, 특이하다, 이기적이다' 이런 말을 거의 매일 하셨어요. 저는 제 생각대로, 제가 원하는 대로 하고 싶을 뿐인데요. 부모님은 제가 가족들을 전혀 고려하지 않는다고 하시더라고요. 이런 식으로 갈등이 생기고 동떨어져 살다 보니 집에서도 꼭 저만 겉

도는 느낌이 들어요. 제가 하는 일들을 인정받고 같이 공유하고 칭찬도 받고 싶은데 이런 일들이 거의 없어요. 그래서 언제나 고독을 넘어 외로움까지 느끼게 됩니다. 가족들도 중요하지만 그렇다고 해서 제 자신까지 버리긴 싫은데 매일같이 느끼는 집에서의 고독이 정말 싫어요.

이건 단순한 문제예요. 제가 고등학교 2학년 때, 문과·이과 정할 때 있죠? 저는 사회학과에 가고 싶었어요. 그런데 동네 아주머니가 어머니에게 그런 말을 했나 봐요. "큰아들이 문과 계열 가면 굶는다. 공대에 보내야 한다"라고요. 그래서 어머니께서 학교에 오셔서 이과로 바꾼 거예요. 저에게 일언반구 이야기도 상의도 안 하고요.

저는 상의 안 하는 게 당연하다고 봐요. 저를 먹여 살리니까요. 저도 받아들이는 거예요. 하지만 이렇게는 생각하죠. '나중에 독립하리다. 에이 더러워서 못 하겠다.'(웃음) 저는 그래서 대학 들어가자마자 독립을 꿈꾸었어요. 만약 독립하지 못하고 부모에게 의존하고 있으면서, 부모에게 구시렁거리는 것은 추한 일이에요. 자기를 먹여 살리는 사람에게 투정부리는 것은 어린애나 하는 일이니까요. 어쨌든 아직 독립하지 못

한 저는 화학공학과에 들어갔어요. 나중에 어느 정도 독립했을 때, 철학과 대학원으로 다시 옮긴 거예요. 그런데 돌아가신 저희 아버님이랑 어머님은 저를 금지옥엽 키웠다고 우기세요. 기억의 날조죠.

청와대에 가면 대통령이 있죠? 대통령이 칼국수를 주면 배 꺼질 때까진 대통령을 칭찬해 줘야 돼요. 배 꺼지고 나서 맛이 없다고 한마디 할 순 있죠. 아니면 안 먹으면 돼요. 제가 이야기하는 건 그거예요. 지금 두 가지 좋은 걸 다 가지고 가려고 그래요. 가출의 요건을 가르쳐 드릴게요. 가출은 우리가 살고 있는 곳이 최악일 때 할 수 있는 겁니다. 그러니까 어떤 곳도 지금 여기보다 좋다고 생각해야 가출이 가능하다는 겁니다. 혁명은 그래서 일어나요. '좌우지간 여기보단 낫다.' 그럴 때 가출은 가능해요. 그땐 돈 없어도 나갑니다. 그리고 살아요. 그런데 대개 집을 못 나가는 아이들은 3,000만 원이 있어야 된다고 하죠. 그래서 어머님에게 이야기를 해요. "엄마, 1,500만 원만 주세요." 내가 나가려는 게 어머니로부터 독립인데도요. 지금 사는 곳이 몸서리쳐지게 나빠지면 그때 나가세요. 그런데 안 나가고 계속 거기 살려면, 그곳의 좋은 점을 찾아야 돼요. 한두 개라도요.

〔가출을 한 번 했던 적이 있는데, 자꾸 이런 식으로 하면 당신들 죽는다는 식으로 부모님이 격하게 반응하셔서 다시 들

어왔거든요.〕 어떤 사람이 이렇게 말했다고 해 보죠. '자꾸 저를 때려서 집을 나가려고 하는데요. 제가 집을 나가면 때린다고 해서 나갈 수가 없어요.' 누가 이런 말을 했다고 해 보세요. 얼마나 황당한 일이에요. 제가 누누이 이야기했잖아요. 여기 있으면 맞는데 딴 데 있으면 안 맞아요. 연락을 완전히 끊고 나가세요. 옆에 있어야 때린다는 겁니다. 가 버렸는데 어떻게 때려요? 없는데요? 부모님이 말리는 게 중요한 게 아니에요. 본인이 말리는 걸 원하는 거죠. 지금 그래서 안 나가고 있는 거예요. 부모님이 말려서 안 나간다고 생각하는 거죠. 그냥 오늘부터 들어가지 마세요. 그럼 부모님의 격한 반응을 보려고 해도 볼 수도 없을 테니까요.

〔그런데 진짜 잘못되시면 어떻게 해요?〕 그게 무슨 상관이에요. 이기적으로 살라고 그랬잖아요. 독립하면 무조건 욕 듣게 돼 있는 거예요. 효녀가 되고 싶으면 그러면 거기 계속 사세요. 효녀, 진정한 효녀로 거듭나자고요. 그렇게 할 거면 부모님 말씀 잘 듣고 정리도 하고 영화도 많이 보지 말고 착실한 딸이 되세요. 집 떠났는데 잘못될 게 뭐 있어요? 집 떠났는데 계속 거기가 밟히면 안 나가는 거예요. 못 나가는 거죠. 부모님이 돌아가실 때까지 기다려야 되는 거잖아요. 자동 가출. 가출이 아니죠. 부모님이 집을 떠나야 되겠네요. 본인이 어느 부분에서 비겁한지 느낌이 오실 거예요. 부모 탓을 할 필요가 없는

겁니다.

　남자가 헤어지자고 그러면서 자신의 바뀐 명함 남기고 가는 거 있잖아요. 어떤 극적인 표현이죠. 연락하라는 거잖아요. 지금 가출의 제스처만 취하신 거예요. 어떤 표현의 방식으로서의 가출인 거죠. 가출했다고 하지 마세요. 가출의 제스처를 취한 거예요. 진정한 가출은 진짜 소리 소문 없이 다 끊는 거예요. 집 떠나면서 자신이 떠나는 이유, 자신이 앞으로 어떻게 생활할지 밝히는 글을 남기고 가는 경우가 있지요. 이것은 완전히 가족을 떠난 것이 아닙니다. 가느다란 선을 연결해 놓은 셈이지요. 언제든지 그 선을 잡고 다시 가족으로 복귀할 생각을 무의식 중에 품고 있는 거니까요.

　가출은, 독립은, 혼자 서는 겁니다. 지금 본인은 부모로부터 단절하지 못했어요. 그래서 지금 복잡하게 머리가 돌아가는 거예요. 그냥 부모님에게 효도하세요. 따뜻한 밥도 주시고 집에는 보일러도 아주 잘 돌아가잖아요. 그렇게 지내세요. 그리고 나올 거면 나오는 거예요. 별 문제 아니에요, 이거는. 나오면 돼요. 상담이 깨끗하지 않아요? 그냥 나오면 됩니다.

　"가족들도 중요하지만 그렇다고 해서 제 자신까지는 버리기 싫은데 매일같이 느끼는 집에서의 고독이 정말 싫어요." 이 말에 고민을 토로한 분의 은밀한 심리학적 메커니즘이 다 들어가 있습니다. 여기서 문제가 되는 것은 "가족들도 중요하다"

라는 생각입니다. 자신의 가치관과 취향마저도 부정하는 가족들이 중요하다고 생각하는 이상, 절대로 가족들로부터 독립을 얻을 수는 없을 것 같아요. 그러니 제 진단이 매정하다고 하지는 마세요. 더 고독해져야 하고 더 외로워해야 합니다. 가족들이 더 이상 중요하지 않을 뿐만 아니라 그들이 자신의 삶을 좀먹는 벌레처럼 보일 때까지 말입니다. 이렇게 말하는 저도 힘이 드네요. 어쨌든 어디라도 이곳보다 좋다는 확고한 독립 의지가 있어야만 합니다. 절망의 바닥을 쳐야 희망이 솟구치는 법이니까요.

나이는 필요 없다

저는 직장에 다니고 있는 41세 미혼 여성입니다. 어릴 때부터 '결혼 안 하고 혼자 살아야겠다, 남자 따위 사귀는 것도 다 유치하다'라는 생각을 하고 지냈습니다. 고독해도 혼자 멋있게 살 거라 생각했습니다. 대학교 1학년 때 만난 남자 친구를 5년간 사귀고 헤어진 이후, 연애 따위 하지 않을 거라고 마음먹었습니다. 그리고 직장에 들어왔습니다. 열심히 일했다고 자부합니다. 혼자 있는 게 엄청 편했고, 그렇게 16년을 지냈습니다. 그런데, 16년 만에 처음으로 이상하게 마음이 가는 사람이 나타났어요.

나이도 저보다 꽤 어리고, 바람둥이처럼 보일 만큼 사교적인 사람입니다. 그 사람을 미친 것처럼 혼자 좋아하는 저를 보면서, 너무 당황스러웠습니다. 제가 지내온 삶의 뿌리가 송두리째 흔들리는 느낌을 받았고 현재 멘붕 상태입니다. 내 돈 벌어 내가 가방 사고, 내 돈 벌어 내가 집 사고, 죽을 때까지 혼자 잘 살겠다고 생각해 왔습니다. 외로운 건 어쩔 수가 없다고, 그건 감내해야 한다고 생각해 왔는데요. 이제는 이 모든 것이 자신이 없고, 제가 상처 받는 것도 싫고 힘들고, '아, 어떡하지? 이제 와서!'란 생각이 듭니다. 제가 너무 작고 초라해 보입니다. 혼자 오롯이 사는 것이 무엇인지 모르겠고, 헷갈립니다.

진짜 완벽한 골드미스세요. '결혼을 뭐 하러 해. 애를 뭐 하러 낳아' 이런 입장을 굳건히 가지고 계시다가 그렇게 16년이 지났거든요. 그런데 16년 만에 처음으로 이상하게 마음이 가는 사람이 나타난 겁니다. 몰입! 박수 쳐 주세요.(일동 박수)

그리고 여러분들이 꿈에도 그리는 연하죠. 기본적으론 괜찮아요. 지금 다들 부러워하시잖아요. 힘드세요? 나는 잘해 주는데 상대가 모른 척하는 게 힘드신 건가요? 지금 마음 상태가 힘드신 건가요? 지금 고민이 아니라 자랑이잖아요. 고독이랑 멀리 있지 않은 테마예요. 지금 자랑하시는 거예요. 얼굴 보세요. 얼굴이 해맑게 펴서 우윳빛이에요, 우윳빛.(웃음) 지금까지 고민 얘기 했던 분들은 얼굴이 다 안 좋았거든요. 이분만 얼굴이 폈어요.

그런데 문제는 다른 데 있죠. 우리는 이분이 좋아하는 그 남자가 어떤 사람인지 모르잖아요. 일단은 조심해서 사랑에 접근해 보세요. 20대 때 사랑은 실패해도 괜찮거든요. 그 나이에는 금방 일어나죠. 그런데 지금은 진짜로 완전히 사랑과 담을 쌓고 절대적인 골드미스로 갈 수 있는 계기이기도 해요. 나이가 들어서 하는 사랑은 더 치명적인 상처를 남길 수도 있습니다. 영원히 사랑을 포기할 수도 있다는 겁니다. '다 필요 없어. 황금이 최고야' 이렇게요. 지금 이게 사랑을 할 수 있는 마지막 기회일 수도 있는데 상처 안 받을 자신 있죠? 물론 너무 조심하셔도 안 될 겁니다. 더 큰 용기가 필요한지도 모를 겁니다. 하여간 사랑은 삶을 걸 만큼 가치 있는 거니까요.

제가 항상 사랑에 대해서 얘기를 하잖아요. 사랑은 인생에서 꽃피는 거와 같다고요. 중요한 건 꽃피는 것 그 자체거든요. 어떤 꽃은 열흘 가고요, 어떤 꽃은 한 달 가는 것뿐이에요. 폈기 때문에 지는 거거든요. 그렇게 생각하시면 되고요. 지금 그렇게 사랑하세요. 몰입할 사람이 지금 생긴 거잖아요. 요새 사는 거 재밌으시죠? 좋고 행복하고 그래서 좋잖아요, 지금. 고민이 아니에요, 자랑이에요. 이거는 제가 답할 의무가 전혀 없어요. 이걸 뭐 우리가 저주할까요? 다행스럽게도 그 남자가 날라리래요.(웃음) 이분이 더 이상 맛있는 걸 못 사 주면 이 날라리는 떠날 수 있다고 할까요? 그런데 떠나면 어때요? 바로 꽃피는 것들이 있고요. 40년 지나서 꽃피는 것들도 있어요. 지금 이제 사랑을 시작하시는 거예요. 중요한 건 그걸 즐기셔야 된다는 거죠. 나중에 돌아가실 때쯤 되면 요즈음이 제일 예뻤다는 생각이 들 거예요. 즐겁게 만끽하셔야 됩니다. 욕심도 내시고요. 나이 들었다고 비겁하게 그러지 말고요. 여자의 탐욕 같은 거 있잖아요. 적극적으로 하세요. 후회할 짓은 하지 마세요. 어떻게 해서든지 간에 자기가 갖고 싶은 건 가지려고 노력했는데, 그때도 거부를 한다면 그때 포기하면 됩니다.

혹여 내가 추해 보일까 나이 생각하면 안 돼요. 예전에 사랑할 때 기억나죠? 사랑을 하게 되면 나이는 상관없어요. 사랑에 빠지면, 그 사람에게 부인이 있는지 남편이 있는지가 상관없어요. 사랑은 둘의 경험이거든요. 그러니까 연하라는 것이 안 들어오실 거예요. 본인의 나이도요. 그런데 가끔 주저하는 이유는, 둘의 관계가 아니라 제3자의 입장에서 자신을 보기 때문입니다. 나는 나이가 있으니 품위 있게 어떻게 할까를 생각하게 되는 거죠. 품위가 어디 있어요? 둘이 있는데. 그런 게 중요한 게 아니거든요. 몰입을 하는 어떤 대상이 나왔잖아요. 그 몰입하는 대상과의 사이에 제3자를 개입시키지 말아요. 둘 중 하나가 상처받을 것을 개입시키지 말아야 한다는 거죠.

물론 그렇다고 상처를 너무 크게 생각할 필요는 없습니다. 상처받을 걸 자꾸 생각하면, 지금 해야 될 걸 못 합니다. 인간은 미래에 대한 공포를 크게 만들어서, 현재 해야 할 것을 안 하게 하는 기발한 상상력의 귀재들이거든요. 좀 불안할 것 같으면 '미래에 힘들 거야'라는 생각을 엄청 크게 해서, 이 생각이 충분히 커지면 지금 해야 할 걸 안 해요. 차라리 '난 비겁해서 못 해. 난 용기가 없어서 못 해' 이렇게 인정을 해야 되는데 그건 싫은 거죠. 마치 합리적인 것처럼 생각하지만, 사실은 합리적으로 머리가 작동할 수 없게 만드는 거죠. 후회는 하지 말아야 해요. 해야만 했던 것을 하지 못했다는 후회, 자기의 삶을 감당하지 못했다는 후회가 진짜 힘든 거거든요.

내가 어디까지 가 봤을까를 생각해 보세요. 인생에서 무언가를 진짜로 경험했다고 할 수 있으려면 바닥까지 가 봐야 해요. 모든 경우마다 그래야 해요. 바닥까지 못 가게 되면 그때 후회하게 돼요. 불안하죠. 자기 자신을 못 믿어요. '내 바닥은 여기까지야'라는 것을 알았을 때, 마치 물에 빠졌을 때 아래로 '폭' 들어가서 바닥을 발로 '뻥' 차고 올라와 수면으로 뜨는 것처럼 다시 올라올 수 있는 거예요. 그런데 너무 비겁하고 무서워서 바닥을 못 본 사람들은, 항상 자기가 불안해요. '어디까지 들어가지? 어디까지 내가 망가지지?' 이런 느낌이 들잖아요. 그래서 어떤 사람에 대해서 자기가 바닥까지 가는 경험을 하는 거예요. 사랑도 그렇고 삶도 그렇고 '아, 나는 여기까지구나'라는 게, 자신의 개성을 알려 주는 거예요. 이분은 제가 봤을 때 별 문제가 없어요. 후회하지 않으면 됩니다.

몰입은 원래 피곤하다

저는 몰입에 잘 빠지는 서른 살 남자입니다. 지나치게 어떤 사람이나 문제에 몰입해서 주변의 다른 것들은 잘 살피지 못합니다. 이런 과도한 몰입 때문에 피곤할 때도 많습니다. 이런저런 것들도 챙기면서 살아갈 수는 없을지 고민됩니다.

이분은 과도하게 몰입하시는 분이에요. 힘들게 살죠. 몰입하는 삶은 힘든 삶이에요. 그러니 고독하게 사세요. 세상을 풍경으로 보고요. 너무 많이 사랑하지 말고 몰입하지 말아요. 어떡하실래요? 그래도 벗어나고 싶으세요? 이분은 고독하지 않다는 것, 혹은 고독이 뭔지 모르겠는 것이 좋은 건지 나쁜 건지가 막 헷갈리는 겁니다. 과도한 몰입이 매력적으로 보이지만 과도한 몰입이라는 건, 하나를 하게 되면 다른 하나를 못 한다는 거예요. 다른 사람들이 어느 정도 다른 일을 한다는 건 몰입하지 않고 이것저것 조금씩 하는 거예요. 그러니까 영화에만 몰입하면 안 되고 엄마도 가끔 봐야 되는 거예요. 이런 걸 해 줘야 돼요. 이걸 보통 어른이라고 불러요. 이때는 세상이 풍경으로 보입니다. 몰입의 미덕은, 몰입하는 것만으로도 충분하고 그것으로 행복하니까 그것만 보는 겁니다. 단점은 다른 걸 보지 못한다는 것이고, 누군가의 욕이라든가 후회는 남을 수 있어요. 그렇지만 상관없는 거예요. 어느 한쪽으로 간다는 건, 다른 길은 안 가겠다는 각오로 가는 거니까요. 갔다가 나올 수 있죠. 그리고 인생에 시간이 좀 남는다면 혹여 다른 한쪽으로 갈 수도 있죠.〔제가 몰입을 계속 하고 있다면 몰입하는 대상 외에 다른 건 다 포기해야 된다는 건가요?〕포기하는 게 아니라, 안 보인다는 거예요. 그리고 다른 게 보이면 지금 본인의 삶에서 몰입도가 떨어진 거예요. 몰입은 내 뜻대로 안 되는 거예요. 가령 어떤 여자 분이 자꾸 눈에 밟힐 때가 있죠. 자꾸 집중이 되고요. 그러면 몰입하는 방향이 바뀐 거예요. 지금 이분이 옷 입는 스타일이 굉장히 좋은데요, 몰입하는 여자 분이 지금 입고 있는 옷이 싫다고 하면 안 입게 되는 거예요. 그럴 준비가 되어 있죠? 축복받은 문제죠. 이 몰입 때문에 뒤에 생길 다른 문제들이 안 보이게 됩니다. 안 보이기 때문에 그 모든 것들을 다 감내해요. 그러니까 아무 문제없는 거예요. 지금까지 해 오던 대로 하시면 돼요. 〔삶이 조금 피곤해서요.〕 피곤하죠. 몰입하면 피곤하다니까요. 군인이 훈련을 갔는데 낙엽, 단풍을 보고 시를 지으면 살기가 피곤해요. 대충 휙 보고, 확 지나가야 돼요. 낙엽 보고 예쁘다고 하고 있으면 당연히 힘들죠.

제가 자기의 삶을 산다는 걸 몰입의 정도로 이야기했잖아요. 고독하다는 건 풍경으로 보는 거예요. '가면 뭐 하나, 다시 나올걸' 이러면서 서 있는 거, 이런 그림인 거죠. 몰입을 하게 관조할 수가 없어요. 벚꽃 냄새가 막 나고, 나를 부르는데 관조할 수 있을까요? 관조 못 해요. 고독할 수도 없어요. 그냥 거기로 가는 거예요. 고독의 그림은 그래서 기본적으로 비겁한 관조의 그림이거든요. 제가 누누이 강조했지만 고독은, 안 좋은 감정이에요. 불가피한 감정일 때도 있지만 궁극적으로는 나쁜 감정이에요. 그래서 지금 이분 글을 보면 기본적으로 몰입을 많이 하시는 분이잖아요. 드디어 이제 다른 거에 몰입하시는 거예요. 하실 거잖아요. 그게 뭐가 문제겠어요?

나는 누구? 여긴 어디?

스물다섯 살의 여자입니다. 10년의 유학 생활 동안 고독이란 단어가 저에겐 항상 큰 숙제이자 아픔이었습니다. 중학생 때 미국으로 유학을 떠났고, 제가 들어간 학교에 한국인은 저뿐이었습니다. 언어도 통하지 않는 친구들 사이에서 따돌림도 당했어요. 고등학교에 들어가면서부터는 영어를 공부하고 친구들을 사귀기 시작했습니다.

그리고 저는 한국인이지만 미국인처럼 변했습니다. '나는 누구인가?'라는 질문에 스스로 답을 내리지 못하게 된 겁니다. 그렇게 한국으로 돌아온 지 8개월이 지났습니다. 미국에서는 친구들이 가끔 제가 무슨 말을 하거나 행동을 하면 "넌 참 아시아인 같다"라는 말을 하곤 했는데, 한국에 돌아오니 한국 친구들이 "넌 미국인 같다"라는 말을 많이 합니다. 미국에서는 친구들과 정치 이야기를 주로 했는데, 한국에서는 친구들이 성형 수술 이야기만 해서 어울리기가 힘들고, 외롭게만 느껴집니다. 전형적인 한국인도 미국인도 아닌 저는 누구를 만나도 고독하다는 생각이 듭니다.

당연하죠. 잡생각을 많이 하면 고독해져요. 잡생각하지 말고 뭔가에 몰입하면 고독하지 않다고 했잖아요. 고독의 특징은, 잡생각이 많아진다는 겁니다. 고독해서 잡생각을 하는 건지, 잡생각이 많아서 고독한 건지는 모르죠. 좌우지간 혼자 계속 생각하고 있으면 옆 사람이랑 대화도 못 해요. 옛날에도 멍 때리는 제자들 보면 이렇게 했어요. '왁!' 하고 놀라게 하면, 생각이 없어지죠. 생각을 계속 돌리는 게 번뇌와 집착의 기원이거든요. 생각을 많이 해서 고독한 거예요. 아니 고독해서 생각을 많이 하는 것이기도 하고요. 같은 거예요. 영화를 볼 때 집중을 못하고 몰입을 못 하면 잡생각이 많죠. 잡생각이 많아서 몰입을 못 하거나 몰입을 못해서 잡생각이 많은거나 같은 겁니다. 표현만 다를 뿐이에요.

어디를 가든 문제의식이 다르고 문맥이 다르잖아요. 그러니까 지금은 그게 힘든 걸 알겠어요. '나는 누구인가?'라고 질문하지 마세요. 그건 보수적인 질문이에요. 한국에 들어와서

'나는 누구인가?' 그랬을 때, 그 '나'가 함축하는 건 미국에서의 삶인 거예요. 미국에 살았을 때, '나는 누구인가?'라는 질문에서의 나는 가족이랑 지냈을 때의 나란 말이에요. 한국에서는 미국에 적응된 자아가 작동하고요, 미국에서는 가족으로부터 배운 한국의 자아가 작동하기 쉽습니다. 거기서 오는 갈등이거든요. 그러니까 항상 '나'는 보수적인 것이라고 할 수 있습니다. 지금 성형 수술 이야기를 하는 한국 친구들과 이야기하기 힘들다고 했지만, 아마 미국에서는 정치 이야기를 하는 친구들과 이야기하기 힘들었을 겁니다. 한국과는 무관한 미국 정치 이야기가 뭐가 흥미로웠겠어요?

지금 한국에 와서 미국 입장으로 다시 한국을 보시는 거예요. 그래서 삶은 항상 보수적일 수 있고, 그만큼 비겁할 수 있다고요. 미국에 있으면 한국적인 시선이나 아시아적 시선으로 미국 사람의 삶을 비판하는 제스처를 취할 수 있고, 한국에 오면 미국적 정치 감각으로 한국 사람의 삶을 비판할 수 있다는 겁니다. 중요한 것은 자기가 지금 어떤 곳에서 살고 있는지, 그리고 누구를 만나고 있는지 그것이에요. 거기에 몰입하고 집중하면 됩니다. 한국에도 정치적인 대화를 주로 나누는 사람들이 많이 있어요. 미국에서도 성형 수술이나 미모와 관련된 이야기를 주로 하는 분들이 많을 거고요.

이분 고민을 들으니 한 가지 생각나는 것이 있어요. 삶의 문제가 안 풀리면, 정치적 문제에 집중해서 삶의 문제를 잊으려는 경향이 있습니다. 예를 들어 고부간의 갈등이라든가 회사 선배와의 갈등이 벌어졌을 때, 갈등이 일어나는 곳에서 쇼부를 치지 못하고 오히려 정치적인 쟁점에 몰입하면서 자신이 겪고 있는 갈등을 잠시 미봉할 수도 있다는 겁니다. 그러니 명심하세요. 내 삶이 문제가 되면 거기서 쇼부를 치세요. 또 정치가 문제가 되면 거기서 쇼부를 치셔야 돼요. 몰입하세요. 왜 어떤 것을 해결하지 못한 자신의 비겁함을 정당화하려고 다른 걸 하세요? 요새 실연을 당했더니 대통령이 싫어진다는 식으로 대통령을 싫어하지는 말자는 거예요. 제발 순수하게 싫었으면 좋겠어요. 남자 친구랑 다시 잘되면 정치에 대해서 무관심해지는 분들, 저는 싫어요. 한번 돌아보세요. 아버지가 나를 괴롭히니까 정치에 불만을 가졌던 사람도 있을 거예요. 그런데 갑자기 아버지가 여러분에게 툭 1,000만 원을 던져 주시면서 여행이나 다녀오라고 하는 순간 정치고 뭐고 신경 안 쓰고 그냥 유럽으로 휙 갈 수도 있다고요. 그러니까 이런 거죠. 내가 직면하고 있는 그 문제에 직면하기 싫으면 정치적 문제에 관심을 가지고 올인을 할 수도 있다는 겁니다.

　　고민을 토로하고 있는 분은 자신의 삶의 문제가 뭐라고 생각하시나요? 미국에서는 분명 부시나 오바마와 관련된 정치적 이야기를 친구들과 떠들었을 겁니다. 그렇지만 사실 그게 또 진지한 것이 아닐 수도 있어요. 부시랑 오바마가 자신과 얼마나 상관이 있다고요. 어차피 자신은 한국 사람이고 이쪽으로 돌아올 건데요. 그런데도 친구들과 떠들었잖아요. 그 떠듦이라는 게 거기 적응하려는 발버둥 같은 거였거든요. 그러니까 떠들었죠, 거기선. 그런데 한국에 돌아왔잖아요. 오히려 한국에 와서는 한국이라든가 우리 사는 이웃들을 비하하지 않았으면 좋겠어요. 제가 봤을 때 저는 그런 느낌이 들어요. 성형 수술을 가볍게 보지 마세요. 성형 수술이 가진 그 엄청난 비극과 절절함 아픔들, 그것을 부시 얘기로 퉁치지는 말자고요. 아픔이 있는 얘기예요. 외모를 꾸며야지 사람들이 좋게 보는 그런 분위기가 우리 사회에 있거든요. 그게 이제 아주 병적으로 증폭된 게 성형 수술이고요. 거의 목숨을 담보로 하고 성형 수술 하는 사람들도 있거든요. 아프죠. 그분들이 그렇게 결정을 내렸다는 것 자체도 어리석지만 저는 더 큰 맥락에서 볼 필요가 있다고 봐요.

조건이 좋은데도 그리 성형 수술을 하는 거라면 그것은 문제라 할 수 있겠지만 생계와 관련된 것은 욕하기가 좀 힘들어요. 생계와 관련된 걸 비난하면 안 돼요. 우리의 안타까움은 그거죠. 중요한 것이 사회가 전반적으로 그렇게 움직이거든요. 성형 수술 얘기를 하셨는데, 성형 수술은 외모에 몰입하는 게 아니에요. 성형 수술은, 자기의 직위나 취업이나 돈에 몰입하는 거예요. 비겁한 몰입의 형식인 거죠. 어떤 것에 몰입한다는 건 순수하게 자기 자신과 그 몰입 대상과의 관계만 있는 거예요. 성형 수술의 목적이 진짜 그런 사람이 있다면 좋겠어요. 순수한 탐미주의자. 이런 분들만 성형했으면 좋겠어요. 그런데 무의식적으로 숨어 있잖아요. 미모라는 것들이 가지고 있는 여러 가지 편안함들, 그것이 바로 문제가 되는 거죠.

제가 봤을 때는 정치라는 것은 큰 이야기이고, 성형 수술은 작은 이야기라는 식으로 생각하신다면 아직도 아메리칸 스타일인 거예요. 그런데 미국에 있을 때는 나름 아시안 스타일이셨잖아요. 그래서 중요한 건 미국에 있느냐, 한국에 있느냐의 여부가 아니라, 자신이 서 있는 곳에 제대로 서 있을 수 있느냐의 문제예요. 여행을 제대로 하려면 어디를 가더라도 '내가 있는 곳이, 내가 있는 곳이고 중심이다.'라는 생각을 가져야 합니다. 여행을 떠났을 때 자꾸 집이 중심으로 남으면, 멀리도 못 떠나고 제대로 떠나지도 못해요. 그러니까 미국에 있든 여기에 있든 서 있는 곳이 그곳이에요. 그래야지 여행도 제대로 다닐 수 있지요. 내가 서 있는 곳이 중심이라는 겁니다. 이런 관점에서 한국 친구들과 관계를 맺으려고 노력해 보세요. 성형 수술을 이야기하는 친구들 내면에 있는 생계에 대한 불안감도 읽으려고 노력하게 될 거예요. 그러다 보면 성형 수술에 들어가 있는 정치적이고 경제적인 문제가 눈에 들어올 테니까 말이죠.

왜 그딴 거에 몰입하냐고?

자기가 몰입할 수 있는 것들을 찾으라고 하셨는데요. 저는 그게 자기가 어떤 것에 가치를 두느냐에 따라서 몰입할 수 있는 대상이 달라질 거라고 생각하거든요. 내가 생각했을 때 내가 몰입하는 거는 우주적인 가치가 있는데 타인이 봤을 때는 굉장히 하찮아 보이고 별 거 아닌 것처럼 보일 수도 있고요. 가치 평가가 먼저인가요, 몰입이 먼저인가요?

몰입을 한 다음에 가치를 부여해야 합니다. 아니 정확히 말해 우리가 몰입한 것에 가장 가치가 있었다고 사후적으로 평가를 하는 법이지요. 가치를 부여해서 몰입하면 몰입이 잘 안 돼요. '저 사람은 중요한 사람이다'라고 가치를 부여한다고 몰입이 되는 것은 아니에요. 가치는 철학적으로 지금 정의되지 않은 것을 말해요. 지금 없는 건데 내가 실현해야 할 것을 철학적으로 가치라고 그러거든요. 그래서 가치와 이상은 비슷한 거예요. 그런데 우리가 지금 그거 이야기한 게 아니잖아요. 몰입이라는 건 없는 것을 대상으로 하는 것이 아니라, 지금 내가 나라는 존재를 행복하게 만드는 나의 감각이자 느낌이에요. 그러니 내 삶이 거기에 빨려 드는 거예요. 그리고 그 몰입의 정도만큼 우린 가치를 부여하는 거고요. 왜 그렇지 않겠어요. 왜 그딴 거에 몰입하느냐고 옆에서 말하면 이렇게 이야기하세요. "그딴 거라니! 이건 우주를 바꿀 수 있는 거야."

가치 있는 것에 몰입해야 한다고 생각하지 마세요. 거꾸로 생각하시는 거니까요. 몰입하기 전에 먼저 가치를 부여하지 마세요. 그러면 삶은 제스처가 되어 버려요. 우리가 그래서 잘 살지 못하는 거란 말이에요. 그러니까 어떤 거에 몰입이 딱 되면 몰입의 정도만큼 몰입해서 좋으면 돼요. 누군가는 물을 수 있을 거에요. "그게 무슨 가치가 있니?"라고 물어봤을 때, 그럴 때는 우주적 가치가 있다고 말해 주세요. 그게 몰입하기에 좋으면요. 그런데 거꾸로 생각하시는 거 같아요. 잊지 마세요. 몰입하면 가치가 생기지만, 가치가 있다고 해서 몰입하는 것이 아니라는 것을요.

몰입과 집착의 차이

몰입과 집착은 어떤 차이가 있는지 궁금합니다.

내가 하면 몰입이에요. 나의 몰입에 불만을 가진 사람은 그걸 집착이라고 비하할 거예요. 특히 몰입 대상이 사람일 때, 그가 나의 몰입이 부담스러우면 그는 나의 몰입을 집착이라고 말할 겁니다. 그러니 몰입과 집착은 같은 이야기예요. 불륜이랑 사랑도 사실 같은 거예요. 왜냐하면 불륜不倫에서, '륜倫'이라는 글자가 '무리 륜'이라는 글자거든요. 기존의 부모를 배신하고 어떤 남자나 어떤 여자를 사랑하는 거라고요. 기존 가족 질서에 벗어나는 것이 사랑이니까 사랑은 불륜일 수밖에 없죠. 그러니까 사랑과 불륜은 같은 얘기죠. 용기와 무모함도 마찬가지예요. 힘든 일을 성공했다면 용기가 있었다고 말하고, 참담하게 실패했다면 우리는 용기를 무모함이라고 말하잖아요.

몰입과 쾌락의 상관관계

> 어떤 것에 몰입을 하다 보면 내가 빠져드는 이것이 단지 쾌락 때문은 아닌지 의심스러울 때가 있습니다. '내가 왜 이러고 있지?' 이런 생각이 들 때도 있고요. 이걸 진정한 몰입이라고 부를 수 있을까요?

쾌락은 좋은 거예요. 쾌락에만 사로잡혀서 살다 죽었으면 좋겠어요. 참 여러분도 갑갑해요. 몰입은 쾌락을 주는 거예요. 그러니까 우리가 어떤 것에 몰입하는 거고요. 불쾌하면 그만 두라고 했잖아요. 머리 좀 쓰지 말아요. 선사들이 가르쳐 주잖아요. 잔머리 굴리지 말라고요. 예전에 배웠었던 알량한 가치관들로 여러분 행복을, 여러분이 느꼈던 걸 왜 억압해요? 국가가 해야 될 걸 왜 여러분이 해요? 검열은 국가가 하라고 내버려 둬요. '무엇을 할 수 있지?', '나는 어디까지 행복할 수 있지?', '난 무엇까지 해 볼 수 있지?', '어디까지 꽃필 수 있지?' 이것만 생각해도 시간이 없는데, 지금까지 쓸데없는 걸 생각하고 고민하느라 인생을 너무 많이 버렸잖아요, 젊은 시절을요. 사실 지금부터 뭐를 해도 늦을지 몰라요. 그런 고민을 왜 해요? 그럴 시간이 어디 있어요?

〔제가 너무 비생산적인 것에 빠져 있지 않나 하는 생각이 들 때가 있거든요.〕 생산하지 말아요. 인생을 소비합시다. 우리가 소비하면 국가가 싫어해요. 내가 음악을 들으면서 내 인생을 소비하면 그 다음날 직장에 가서 일을 잘 못하죠. 다음날 작전이 있는데 군인 하나가 좋아하는 영화를 다운로드 받아서 밤새도록 보고 해롱해롱거려요. 그러니 국가가 싫어하죠. 뭘 아껴요? 자본이나 국가가 쓰지 못하게 자신을 위해 자신의 삶을 소비하세요. 물론 이렇게 다 소비하면 자본이나 국가는 여러분을 쓸 수가 없겠지요. 그러니까 자꾸 여러분 보고 에너지를 아끼라고 말하죠. 자신들이 쓰려고 말이에요.

〔할게요. 강신주 박사님이 하라고 하시니까요.〕 '강신주 박사님이 하라면 할게요', 이거 위험해요. 여러분의 감정을 여러분이 안 지키면 누가 지켜 줄까요? 여러분이 자신의 감정을 지켜야만 해요. 그만큼 여러분은 삶의 주인이 될 테니까요. 그게 주인 아닌가요? 내가 행복하면 행복한 거예요. 내가 즐거우면 즐거운 거고요. 내가 불쾌한 건 피해야 되죠. 불쾌한데도 억지로 하고 있다면, 문제가 있죠. 행복한데도 버려야 된다면, 문제가 있는 거 아닌가요? 사실 돌아보면 우리는 너무 비겁하잖아요. 내 감정을 지키면 불이익을 당할 것 같아서 자신의 감정쯤은 쓰레기통에 버리고 있으니까요. 그러면서도 자신의 감정

이 소중하다고 이야기는 하죠. 이렇게 비겁한 의식들 때문에 우리는 계속 힘들어지는 거예요. 아주 쉬워요. 아주 단순하죠. 제가 왜 단순하게 얘기하는 거 같아요? 별로 타협을 안 보잖아요. 옳은 거는 옳은 거예요. 우리가 할 수 없는 것이더라도 옳은 거는 진짜 똥구멍이 빠져도 옳은 얘기예요.

사실 저도 그렇게는 잘 살지 못하죠. 그런데 제가 철학자니까, 옳은 거는 옳은 거라고 얘기하는 거예요. 제가 그렇게 못 살아도 옳은 것은 옳은 거니까요. 간혹 사람들이 저에게 물어보죠. "선생님은 그렇게 사시나요?" 저는 쿨하게 이야기해요. "못 살아요." 제가 사랑을 강의할 수 있는 이유는 사랑에 실패하면서 사랑이 어떻게 해야 옳은 건지 뼈저리게 배웠기 때문이에요. 완벽하게 사는 저자가 있다면 왜 글을 쓰겠어요? 삶으로 보여 주면 되는 거죠. 저는 못 해요. 그래서 제가 사실 여러분에게 희망이란 말이에요. '잘 살지 못해도 저렇게 옳은 얘기를 해도 되는구나'라는 희망이요. 자신감을 얻으세요. 옳은 건 옳은 거예요. 대신 하나의 단서만 달게요. 옳은 거를 이야기하면서 그렇게 사는 것처럼만 하지 않으면 돼요. 그냥 못 하는 거예요. 그런데 나는 그렇게 살고 싶다고 이야기는 하자고요. 저도 그렇게 살고 있으니까 여러분들도 그러면 된다니까요. 지금 우리가 떠들었던 이야기들이 완벽하게 적용되지는 않을 거예요. 하지만 발버둥이라도 쳐야죠. 그래야 눈감을 때쯤 되면 잘 살았다는 생각이 들 거예요. '남 눈치 보면서 사는 게 아니라 내가 결정했고 후회도 내가 했다.'라고요.

저는 프랑수아즈 사강Françoise Sagan의 얘기를 좋아해요. 사강이 코카인 소지 혐의로 법정에 피고로 갔을 때, 사람들도 변호사도 그랬죠. 작가의 고뇌도 있고 정서적으로 문제가 있어서 약을 할 수밖에 없었다고요. 변호사는 사강을 옹호해야 되니까요. 사강의 글은 말랑말랑하고 순정 같은데, 삶 자체는 너무 독하거든요. 그런데 최종 변론에서 사강이 그렇게 얘기해요. "나는 나를 파괴할 권리가 있다." 여러분은 그럴 생각 있나요? 그 생각을 가지고 있어야 여러분들이 여러분 자신을 결정할 수 있습니다. 나를 파괴할 생각을 안 하는 사람은 다른 사람이 안전하게 살았던 대로 사는 거예요. 감당하는 거예요. 나를 파괴할 권리가 있는 사람만이 나의 행복을 잡을 수 있는 힘도 있는 거예요. 이런 힘을 가지고 있나요? 파괴를 하고 싶지 않죠? 제가 한 이야기들 가운데 따듯하고 좋은 것만 받아서 어떻게 잘 버무려서 살고 싶죠? 좋아서 선택을 했는데, 두 달쯤 지나서 참혹한 선택이라는 걸 알 때가 있잖아요. 그럴 때 굉장히 힘들죠. 하지만 한 번, 두 번만 힘들어요. 다섯 번, 여섯 번만 하면 여러분의 감각과 여러분의 감정은 더 예리해져서 그런 실수를 안 할 거예요. 어린애라서 한 번도 내 감정을 지켜 본 적이 없는 사람이니까 실수를 하죠. '이건 뭐지? 사랑인가?' 이럴 수도

나를 파괴시킬 생각을 안 하는 사람은
다른 사람이 안전하게 살았던 대로 사는 거예요. 감당하는 거예요.
나를 파괴할 권리가 있는 사람만이 나의 행복을 잡을 수 있는
그 힘도 있는 거예요. 이런 힘을 갖고 있어요?

있잖아요. '이건 사랑이다'라고 평가를 내렸으면 그 길로 가는 거예요. 아니면 접는 거고요. 사랑의 실패를 계속 반복할까요? 반복하지 않아요. 이제는 사랑이 무엇인지, 나는 어떤 사람인지, 어떤 감정이 드는지, 나는 어떨 때 제일 행복한지 잘 아니까요. 그리고 어떤 감정에 내가 유혹이 되는지도 알게 되니까요. 그렇게 배우는 거예요. "나는 나를 파괴할 권리가 있다"라는 건 그런 거예요.

어머니가 '너 그러다 망가지면 어떡하니?'라고 하면요. '엄마, 저는 저를 파괴할 권리가 있어요' 이렇게 말하세요. 이건 강한 이야기예요. 내버려 두라는 이야기죠. 내가 파괴하든 내가 말아먹든 내가 행복해지든 내가 감당하겠다는 거니까요. 파괴도 내가 감당하겠다는 거예요. 파괴됐다고 해서 엄마에게 징징거리지 않는다는 거예요. 여러분은요, 여러분을 파괴할 권리가 있어요. 어디서 누군가 "그렇게 하면 안 돼!"라고 하면요, "안 되는지 알아요. 안 되는 거 해 보고 싶어요"라고 얘기하는 거예요.

'왜 사나?' 라는 질문이 들 때

저는 살면서 몰입을 경험한 적이 별로 없습니다. 단 한 번의 몰입의 경험은 중학교 때 신해철의 광팬이어서 서울, 대전, 대구, 부산을 다 돌아다니며 콘서트를 따라다녔던 기억입니다. 성인이 된 지금 몰입과는 거리가 먼 삶을 살고 있습니다. 친구들이 흥미진진하게 연애 이야기를 해도 심드렁해지고 맙니다. 그저 드는 생각은 '내가 왜 사는지 모르겠다'라는 겁니다. '왜 사나?'라는 질문이 자꾸 듭니다. 어디서부터 어떻게 이 고독에서 벗어날 수 있을까요?

인생의 목적을 길게 보지 마세요. '왜 사냐?'라는 오만한 질문을 하지 마세요. '오늘 좋았나?', '지금 이 시간이 좋은가?' 그것에 집중하세요. 항상 헷갈리면 지금 감각에 집중해야 해요. '내가 이 모임이 좋은가?', '이 사람과 같이 있는 게 좋은가?', '이 책이 좋은가?' 이것만 집중하세요. '이 책을 다 읽은 게 어떤 의미가 있을까?' 이러지 말고, 지금 순간에 집중해요. 이 세상에서 제일 죽이고 싶은 인간이 삶의 의미를 안다고 하는 사람이에요. 삶의 의미를 찾으려고요? 길게 보지 마세요. 오늘 마신 커피 맛이 좋았는지 별로였는지 표현하는 거예요. 그건 말할 수 있잖아요.

'왜 사나?'라고 질문하지 말아요. 그런 막연한 질문들에 대해 사람들이 얘기를 하잖아요. 다 개소리예요. 우리에게 남는 건 오늘 이 순간, 이 시간이 좋았는지 안 좋았는지 이거예요. 길게 봐서는 삶의 의미가 무엇인지 궁금하시죠? 그걸 우리가 어떻게 알아요? 그건 우리가 알 수 없습니다.

그 막연한 질문들이 대개는 지금 내가 좋은지 내 느낌이 어떤지를 은폐하기 위해서 던져지는 질문이에요. 그리고 그 막연한 질문을 하는 사람들은 지금 이 순간 내 앞에 있는 사람, 내가 해야 할 일들을 무시할 때 써요.

'인생의 의미는 뭐지?' 같은 큰 질문들을 자제하시고요. 힘들면 감각을 믿으세요. 이게 나에게 어떤 느낌인지 이 커피 맛은 어떤지. 그리고 막연해질 때마다 맛있는 음식 드시는 것도 괜찮아요. '이 스파게티 맛은 이런 느낌인 것 같다', 스파게티 맛을 묘사하는 데만 집중해도 기분이 금방 좋아져요. 몰입의 정도가 확 늘어요.

'인간은 왜 존재하는가?' 그렇게 막연하게 생각하다 보면, 헤어나지 못해요. '이 물 맛있네'라고 말하고, 음악이라도 하나 들어요. 그리고 묘사하기 시작하는 게 더 좋죠. 헷갈릴 때는 항상 여러분 감각을 믿으세요. 그리고 감각을 부정해서 행복한 사람은 지구상에서 본 적이 없어요.

이제 슬슬 정리를 해 보죠. 자신의 삶을 하나의 축복으로 생각하려면, 여러분들이 먼저 해야 할 일은 고독과 싸우는 것입니다. 고독해지는 내 모습과의 싸움입니다. 세계를 풍경으로 볼 게 아니라 세계에 몰입할 걸 찾아야 해요. 그게 상처가 될 수도 있다는 건 맞아요. 하지만 동시에 너무나 커다란 행복일 수도 있습니다. 그러니까 상처를 받았다고 떨어져 나오면 아무것도 못 만지는 세상만 남아요. 그 순간 우리는 제대로 몰입할 대상을 만날 가능성마저도 잃게 되겠지요. 그러니 용기를 내야죠. 제대로 살려면, 행복하게 살려면, 우리에게는 몰입할 대상이 반드시 있어야 하니까요. 모기에 물릴 각오로 낚싯대를 드리우지 않는다면, 어떻게 우리가 물고기를 잡는 행운을 기대할 수 있겠어요?

고독에는 병적인 측면이 있습니다. 고독은 자기에 대해서 몰입하는 거니까요. 그래서 고독은 타인에 대해서 몰입하지 않기로 작정했을 때 쓰는 전략이라고 할 수 있는 겁니다. 결국 타인을 사랑할 수 없으니 나만을 사랑하기로 작정하는 것이 고독의 숨겨진 메커니즘입니다. 제가 안타까운 건 고독한 모습이란 타인과의 관계를 접기 위해서 쓰는 전략일 수 있다는 겁니다. 자기 혼자 관계를 맺으면 상처를 안 받잖아요. 타인은 자신에게 상처 줄 가능성이 많게 다가오는 거예요. 뜨겁단 말이에요. 촛불처럼. 어떡할래요? 그러니까 거기에 너무 많이 데면 나만을 소중히 여기게 되는 거예요. 그렇지만 타인은 절망의 원인이자 동시에 희망의 원인이라는 사실을, 불행의 원인이자 행복의 원인이기도 하다는 사실을 잊지 않았으면 좋겠어요. 세계 때문에 고독해진 것이라면, 세계와의 관계를 통해서 고독이 해소될 수 있는 겁니다. 당연한 일이지요. 우리는 넘어진 곳에서만 일어날 수 있으니까요.

　혼자 사시는 분들, 식사 잘 하세요? 식사라는 것은, 타인과의 관계를 얘기하는 거예요. 혼자 지낼 때, 혼자 먹는 밥이 사료라고 느껴져야 나중에 타인을 만날 희망도 품을 수 있어요. 혼자서 밥 먹는데, 퍼펙트하게 레스토랑에서 먹는 것처럼 차려 먹으면 이제 끝나신 거예요. 영원히 혼자 드시는 거예요. 저는 혼자 밥 먹을 때 라면 끓이면요, 밥도 그릇에 안 퍼요. 라면에다 밥을 말고, 김치를 넣고, 계란을 풀어요. 그냥 먹습니다. 우린 이걸 사료라고 불러요. 이러면 나중에 추해져요. 그 냄비에 남아 있는 밥풀 몇 개와 배부른 나의 배를 보면서 드는 느낌은 이런 거죠. 돼지가 된 것 같은 느낌. 짐승이 된 듯한 느낌이 들죠. 후배가 오면, 라면을 끓여서 밥을 공기 그릇에 퍼요. 김치를 따로 담죠. 우린 이걸 식사라 불러요. 그런데 자기 혼자서도 식사가 되시는 분들은요. 영원히 그렇게 사시는 거예요. 못 견뎌야 해요. 혼자 먹는 게 사료라는 그 절절한 자각에 이르러야지만 우리는 희망을 볼 수 있습니다.

거울을 깨자,
그러면
고독에서
벗어나리라!

거울속에는소리가없소

저렇게까지조용한세상은참없을것이오

◇

거울속에도 내게 귀가있소

내말을못알아듣는딱한귀가두개나있소

◇

거울속의나는왼손잡이오

내악수를받을줄모르는―악수를모르는왼손잡이오

◇

거울때문에나는거울속의나를만져보지를못하는구료마는

거울아니었던들내가어찌거울속의나를만나보기만이라도했겠소

◇

나는지금거울을안가졌소마는거울속에는늘거울속의내가있소

잘은모르지만외로된사업에골몰할게요

◇

거울속의나는참나와는반대요마는

또꽤닮았소

나는거울속의나를근심하고진찰할수없으니퍽섭섭하오

― 이상, 〈거울〉

내가 나임을
확인하는 방법

한 여성이 화장을 고치려고 거울을 봅니다. 방금 식사를 마쳤기 때문입니다. 이어서 거울을 통해 그녀는 아주 능숙한 모습으로 자신의 입술에 립스틱을 바릅니다. 너무 자연스럽고 익숙해서 그다지 신기할 것도 없는 장면입니다. 그러나 우리가 생각하지 못하는 것이 하나 있습니다. 거울에 비친 자신의 모습이 거울 앞에 서 있는 자신의 모습과 같다는 것을 어떻게 알까요? 이런 의문이 드는 이유는 우리가 한 번도 자신의 얼굴을 직접 본 적이 없기 때문입니다. 자신의 얼굴을 한 번이라도 보았어야 우리는 거울 안에 비친 얼굴이 자신의 실제 얼굴이라는 것을 알 수 있을 겁니다. 그렇지만 우리는 한 번도 자신의 얼굴을 직접 본 적이 없습니다. 그럼에도 불구하고 어떻게 우리는 거울에 비친 얼굴이 자신의 얼굴이라고 생각하는 걸까요?

다행스럽게도 이런 의구심을 해소할 수 있는 방법이 전혀 없는 것은 아닙니다. 재훈이라는 친한 친구를 불러오고, 그로 하여금 거울과 나를 동시에 볼 수 있는 자리에 서게 만드는 겁니다. 그리고 물어보면 됩니다. "야, 거울 안에 비친 나의 모습과 실제 나의 모습이 같은지 다른지 살펴봐라. 같다면 정직하게 같다고 말하고, 만약 다르다고 해도 거짓말을 해서는 안 돼." 재훈은 나도 아니고, 거울에 비친 나도 아닌 제3자의 자리에 있을 수 있으니까요. 내 얼굴과 거울에 비친 내 얼굴을 진지하게 살펴보던 재훈은 다행스럽게 다음과 같이 말합니다. "거울에 비친 네 모습은 실제 네 모습과 똑같아." 안심이 되는 순간입니다. 이제 재훈이란 친구의 증언으로 나는 내 모습과 거울에 비친 내 모습이 같다는 것을 확인한 셈이니까요. 그러나 이것으로 끝나는 것은 아닙니다. 재훈이가 거짓말을 했을 수도 있으니까요.

그럼 어떻게 할까요? 두 번째 친구, 응천이를 부르는 겁니다. 그리고 응천에게 요청하는 겁니다. "응천아. 재훈이가 내게 거짓말을 하는지 살펴 줘." 다행스럽게도 응천은 재훈이가 거짓말을 하지 않았다고 이야기합니다. 그렇지만 나는 응천이도 믿지 못할 수 있습니다. 그리고 속으로 생각하겠지요. '거울에 비친 내 모습과는 달리 원래 내 모습이 흉측하기 때문에, 재훈이뿐만 아니라 응천이도 내게 거짓말을 하는 것일 수도 있어. 그럼 어떤 친구를 세워서 재훈이와 응천이를 감시하라고 할까? 그렇지만 이 친구도 똑같이 내게 거짓말을 할 수도 있잖아. 어떻게 하지?' 회의와 의심은 이렇게 그칠 줄 모르고 심화되어, 그 끝이 어디일지 우리는 감히 예측할 수도 없을 정도입니다. 어쩌면 처음부터 단추가 잘못 채워진 것인지도 모릅니다.

처음부터 거울에 비친 내 얼굴이 실제 내 얼굴과 같다고 믿었다면, 이런 꼬리를 무는 회의는 없었을 겁니다. 혹은 한 번 의심을 하더라도 재훈이를 믿었다면, 의심에서 벗어나 편안함을 찾았을 겁니다. 아니면 재훈이를 의심했다고 하더라도 만약 응천이의 관찰을 믿었다면, 회의와 불안의 연쇄로부터 벗어날 수 있었을 테지요. 결국 처음부터 내 실제 얼굴과 거울에 비친 내 얼굴이 같은지 다른지를 확인하는 방법은 '믿음'이었던 셈입니다. 이와 관련하여 잊지 말아야 할 것이 하나 있습니다. 거울에 비친 내 이미지가 실제 나의 모습이라고 믿는 순간, 거울에 비친 내 이미지는 마치 그림자처럼 우리를 계속 따라다닌다는 겁니다. 바람이라도 불어 머리가 흩날리거나 아니면 음식이 입에 묻었다는 느낌이 들면, 우리는 무의식적으로 머리를 다시 매만지거나 입술을 닦습니다. 이것은 거울을 통해 보았던 나의 이미지를 기준으로 우리가 자신의 현재 모습을 살피고 통제한다는 것을 보여 줍니다.

거울을 통해 만들어지는 나

1930년대 경성을 활보하던 모던 보이 이상은 어느 날 거울을 응시합니다. 세련된 모던 보이였던 이상에게 거울은 거의 필

수품이었을 겁니다. 거울을 통해 이상은 자의식, 즉 자신을 자기로 보고 있는 의식의 기원을 얼핏 느끼게 됩니다. "나는 지금 거울을 안 가졌소마는, 거울 속에는 늘 거울 속의 내가 있소." 제비 다방에서 어느 멋진 여성과 대화를 나누고 있는 이상을 떠올려 보세요. 환담을 나누지만 그는 자신의 얼굴 표정, 입 모양 그리고 제스처, 그러니까 자기 자신을 의식하고 있을 겁니다. 이미 그에게는 거울을 통해 확인된 자기 이미지가 존재하기 때문입니다. 이상은 거울을 가지고 있지는 않지만, 이미 가지고 있었던 셈입니다. 그래서 '거울 속에는 늘 거울 속의 내가 있다'는 그의 말은 '내 속에는 늘 거울 속의 내가 있다'고 바꾸어 읽어도 무방할 겁니다.

거울을 통해서 자신의 모습을 관찰했던 경험이 없다면, 우리는 자의식을 가질 수도 없는 법입니다. 정신분석학자 라캉Jacques Lacan이 주목했던 것도 바로 이 점입니다.

1913년에 내가 국제 정신분석 학술대회에서 소개했던 거울단계라는 개념은 프랑스 분석가들 사이에서는 이제 다소 자리를 잡아가고 있는 것처럼 보인다. 그러나 오늘 우리가 이 개념에 다시 주의를 기울여야 하는 이유는 거울단계의 개념이 정신분석학이 우리에게 제공하는 경험 속에서 '나'라는 것이 어떻게 기능하는지를 해명해 주기 때문이다. 거울단계의 경험은 우리가 코기토Cogito로부터 유래하는 어떤 철학에도 반대해야 한다고 주장한다.

—《에크리》

방금 읽은 부분은 라캉의 《에크리》에 실려 있는 〈정신분석 경험에서 드러난 '나'라는 기능을 형성하는 거울단계〉라는 논문의 도입부에 등장하는 구절입니다. 생후 18개월 동안 아이는 거울 속의 이미지를 통해서 자신을 자기로 의식하고 인식하게 된다고 합니다. 결국 거울과 관련된 경험이 없다면 '나'라는 자의식은 만들어질 수 없다는 것이지요. 이 과정을 라캉은 '거울단계Stadue de Miroir'라고 부릅니다. 거울단계를 통과해서 '내'가 탄생한 것이라면, '나'라는 의식은 원래부터 인간에게 주어진 것이라고 할 수는 없습니다. 그래서 라캉은 전혀 의심할 수 없는 확고한 '나', 즉 코기토가 인간에게 원래부터 주어져 있다고 전제했던 데카르트René Descartes의 생각에 반대할 수밖에 없었던 겁니다. '내'가 탄생하는 극적인 순간을 이야기하는 라캉의 말을 하나 더 살펴볼까요.

거울 앞에 서서 자신의 이미지에 놀라고 있는 어린아이를 다시 생각해 보자. 아이는 걷거나 일어날 수 없고 심지어 다른 사람의 도움 없이는 똑바로 서 있을 수도 없지만, 기쁨에 차서 환호성을 울리며 안절부절하지 못한다. 아이는 이런 환호성 속에서 자신을 지지해 주는 지지물들을 압도할 수 있는 것이다.

—《에크리》

어느 순간 아이는 자신의 모습을 한 번도 본 적이 없음에도 거울에 비친 이미지가 자신의 모습과 같다고 믿게 된다는 겁니다. 그리고 그 거울 속에 비친 자신의 모습, 즉 이미지를 통해서 자신을 자기로 의식한다는 것이지요. 라캉에 따르면 '나'는 바로 여기에서 출현합니다. 그러니까 실제 자신의 모습과 거울 속의 모습을 동시에 보고 있다고 믿어지는 자리, 즉 제3자의 자리가 바로 '내'가 머물고 있는 곳이라고 할 수 있지요. 최초로 거울 속의 내가 바로 나라고 믿게 된 순간, 아이는 놀라움과 동시에 기쁨의 감정을 드러낸다고 합니다. 육체의 탄생 이후 드디어 '나'라는 정신이 탄생한 순간, 진정한 내가 탄생한 순간이기 때문입니다. 당연히 놀라움과 기쁨이란 상반된 감정이 폭발하는 것도 그리 이상한 일만은 아닐 겁니다.

거울로 나를 볼 것인가, 타자를 통해 나를 볼 것인가

거울을 응시하면서 시인 이상은 최초로 자신이 탄생했던 충격적인 시점으로 되돌아가고 있었던 겁니다. 거울 속의 이미지를 내면에 들여놓으면서 '내'가 탄생했다는 것이 거울단계의 핵심이라고 할 수 있습니다. 그렇지만 이상은 위대한 걸음, 어쩌면 자기 해체적인 걸음을 떼려고 합니다. 〈거울〉이란 시를 마무리하면서 우리의 모던 보이는 말합니다. "나는 거울 속의 나를 근심하고 진찰할 수 없으니 퍽 섭섭하다"고 말입니다. 이상은 거울 속의 나, 혹은 나의 내면에 각인된 거울 속의 이미지를 진단하려고 합니다. 이것은 그가 '나'를 의심할 수 없이 분명한 것이라고 생각하지 않았다는 것을 의미합니다. 데카르트의 코기토로 상징되는 근대 문명을 배우기에 급급했던 시절, 코기토 자체를 문제 삼았다는 것은 기적에 가까운 일이라고 할 수 있을 겁니다. 이상의 위대함은 바로 여기에 있었던 겁니다. 그는 가장 모던한 시인이면서 동시에 가장 모던했기에 모던의 한계에까지 이른 겁니다. 한마디로 이상은 포스트모던한 시인이었다고 할 수 있지요.

나르시스Narcissos를 아시나요? 우연히도 그는 연못에 비친 자신의 모습을 보게 됩니다. 불행히도 그는 자신의 이미지에 매료되어 연못을 떠나지 못하고, 마침내 탈진하여 죽게 되지요. 거울을 통해 고독하게 만들어진 '나'는 이렇게 치명적인 데가 있습니다. '내'가 거울단계를 거쳐서 형성되었다면, 우리는 모두 나르시스의 화신이라고 할 수 있는 것 아닐까요? 거울을 보며 얼굴을 단장하던 어떤 여인이 어느 순간 만족스러운 미소를 거울 속의 자신의 이미지에 던집니다. 그러나 잊지는 말아야죠. 이런 만족에는 고독한 나만 있을 뿐 타자가 없다는 사실 말입니다. 어쩌면 우리에게 필요한 것은 거울이 아니라 나를 사랑해 주는 타자가 아닐까요? 타자는 나를 비춰 주어 나를 만들어 주지만, 동시에 거울처럼 '나'를 고독하게 만들지는 않기 때문입니다. 타자의 미소로 우리는 자신이 충분히 아름답다는 것을, 타자의 눈빛으로 자신의 입가에 무언가 묻었다는 것을 알 수도 있습니다. 자, 이제 우리에게 선택의 순간이 다가왔습니다. 거울을 지킬 것인가? 아니면 거울을 깨서 타자를 만날 것인가?

에필로그

사랑, 손이 데어도 꼭 잡아야만 하는 것

> 사랑은 구조 속에서 주어진 것으로 가정되는 둘이 황홀한 하나를 만드는 것이 아니다. …… 황홀한 하나란 단지 다수를 제거함으로써만 둘 너머에 설정될 수 있는 것이기 때문이다. …… 사랑은 동일자를 타자의 제단에 올려놓는 것이 결코 아니다. …… 오히려 사랑은, 둘이 있다는 후(後)사건적인 조건 아래 이루어지는, 세계의 경험 또는 상황의 경험이다.
>
> — 바디우, 《조건들》

1.

사랑은 차이에 대한 긍정입니다. 만약 완전히 동일한 속내를 가지고 있는 사람이라면, 우리는 그 사람을 사랑할 수 없습니다. 과거의 삶을 슬픔과 우울로 기억하도록 해 주는 사람, 그래서 기쁨 자체로 느껴지는 사람, 바로 그가 우리가 사랑하는 사람입니다. 그를 통해서만 우리는 우울하고 슬픈 과거가 아니라, 쾌활하고 기쁜 미래를 꿈꿀 수가 있기 때문이지요. 이 모든 것은 우리가 사랑하는 사람이 바로 나와 다르기 때문에 가능한 것입니다. 결국 사랑은 기쁨을 가져다 주는 차이를 차이로서 긍정하며, 성급하게 이것을 일종의 동일성으로 만들려고 하지 않는 지속적인 노력을 통해서만 가능합니다. 어떤 식으로든 두 사람 사이의 관계에 차이가 사라질 때, 사랑은 그와 동시에 허망하게 날아가게 됩니다. 차이의 긍정, 이것은 바로 상대방을 소유하지 않겠다는, 다시 말해 자유롭게 해 주겠다는 의지가 아니면 불가능한 것입니다.

정치·경제적인 문제 때문일 수도 있습니다. 아니면 사랑에 대한 자만 때문일 수도 있습니다. 그렇지만 사랑의 파국은 차이에 머무르면서 자신을 변형시킬 수 없었던 우리 자신의 미숙 때문에 최종적으로 일어나는 것입니다. 모든 것을 외적인 원인으로 치부할 수 없는 법입니다. 사랑은 나의 기쁨을 부여잡으려는 노력이며, 따라서 자신에 대한 사랑으로 귀결되기 때문이지요. 결국 사랑의 가장 큰 비극은 우리 자신의 부주의와 미성숙으로 마음속에 어렵게 찾아든 기쁨을 지키지 못했다는 데 있을 겁니다. 이것은 기쁨과 행복을 추구하는 자신의 삶에 대한 변절이자 배신이기 때문이지요. 이것에 비해 상대방이 사랑을 배신하는 것은 상대적으로 작은 비극이라고 할 수 있을 겁니다. 우발적인 마주침을 통해서 사랑이 찾아왔던 것처럼, 언제든지 상대방은 나와의 지속적인 마주침을 거부하고 떠날 수 있으니까요.

바디우의 말처럼 사랑은 '하나'로 환원할 수 없는 '둘'의 관계입니다. 우리에게서 기쁨을 얻지 못했다면, 상대방은 언제든지 우리를 떠날 수 있으며, 나아가 떠나야만 할 것입니다. 우리와 함께 있는 것을 슬픔으로 느낀다면, 그는 우리가 보는 앞에서 조금씩 시들어 갈 테니까 말이지요. 지금까지 같이 있어 주었다는 것만으로 행복을 느껴야만 할 겁니다. 물론 사랑하는 사람과의 이별은 우리에게 씻을 수 없는 상처를 줄 수밖에 없을 겁니다. 이제 그에게서만 얻을 수 있던 기쁨은 더 이상 기대할 수 없으니까 말이지요. 이 경우 우리가 할 수 있는 유일한 것은 슬픔을 억누르고 웃으면서 상대방을 송별하는 일일 겁니다. "지금까지 함께 해 주어서 너무 고맙습니다." 이것이 이별을 고하는 상대방에게 할 수 있는 최선의 말입니다. 그렇지만 성숙하지 못한 상대방은 이런 쓰디쓴 송별의 의미마저도 모를 수 있습니다. 유안진 시인이 이별 앞에서 느꼈던 분노도 바로 이것 때문이었지요.

> 가볍게 몇걸음 옮기다 돌아서더니
> 나긋나긋한 목소리로 한다는 말이
> 다달이 한두 번씩은 어렵겠지만

라디오 FM에서도 괜찮은 음악을 들어보게 되듯이
마음 내키면 마땅한 때를 골라
바람도 쐬듯 그렇게 바람소리 같더라도
사소한 소식이라도
아릿하지만 알음알음으로라도 건네주고 받자고
자발없는 부탁일지 모른다고 윙크까지 곁들이고는
차에 오르더니 다시 내다보며
카랑카랑한 음성으로 고쳐서는
타다 남은 심지에
파란 불꽃 다시 켜질지 모르지 않느냔다

하염없이 하염없이 궂은 비 하늘에다 무슨 고함 발악질 악다구
니라도 내지르고 싶었다, 프로모던premodern이 더 인간적이라고.

— 유안진, 〈포스트모던한 이별식〉

이별을 앞두고 상대방은 이제 '둘'의 관계가 아닌 방식으로, 마치 오래된 지인처럼 연락을 주고받자고 이야기합니다. 처음 사랑이 싹트기 이전으로 돌아가자는 것이지요. 이것은 사실 그 사이에 이루어졌던 모든 '둘'의 관계를 백지화하자는 이야기에 다름 아닙니다. 내가 내민 손을 잡아 주었던 것도 그 사람이듯이,

손을 빼는 것도 그 사람입니다. 사실 우리는 잠시 내게 깃들었던 파랑새에게 고마움을 표해야만 합니다. 그렇지만 이것이 어디 쉬운 일이겠습니까? 당장 이제 우리는 슬픔에 빠져들게 될 것입니다. 기쁨을 주었던 상대방이 부재하고 있다는 생각이 당분간 우리의 모든 것을 지배할 테니까요. 그러나 우리는 압니다. 어느 순간 우리의 기억은 마치 무너져 버린 바닷가 모래성처럼 조금씩 무디어질 것이라는 사실을요.

유안진 시인의 경우 떠나는 사람은 매우 잔인한 사람입니다. 이별을 고하는 것까지는 그의 자유이니 어쩔 수 없다고 쳐도, 앞으로도 좋은 친구로 남자는 이야기는 정말 분통이 터지는 일입니다. 그 사람의 소식을 듣거나 만날 때 실연의 상처는 다시 도질 테니까요. 더군다나 상대방은 언제든지 다시 "타다 남은 심지에 파란 불꽃 다시 켜질" 수도 있다고 희망 고문을 자행하기까지 합니다. 당연히 이제 실연의 슬픔은 증오로 바뀌게 되겠지요. 상대방에 대한 증오는 얼마 지나지 않아 자신에 대한 분노로 바뀌게 됩니다. "하늘에다 무슨 고함 발악질 악다구니라도 내지르고" 싶을 정도로 말이지요. 지금 시인은 떠나는 연인에 대해 분노의 감정을 표출하고 있는 중입니다. 그럴 때에만 사랑의 감정도 극복될 수 있을 테니까요. 스피노자가 다음과 같이 이야기했던 것도 다 이유가 있었던 셈입니다.

정념은 그것과 반대되는 정념, 그리고 억제되어야 할 정념보다 더 강한 정념에 의하지 않고는 억제될 수도 없고 제거될 수도 없다.

―《에티카》

    사랑의 감정은 사랑하는 사람이 자신을 떠나려고 할 때 슬픔의 감정으로 변합니다. 이것을 그대로 방치한다면, 실연한 사람은 상당히 오랜 시간 동안 슬픔의 정념에 사로잡힐 수밖에 없을 겁니다. 이럴 때 증오의 감정은 슬픔의 감정을 치유하는 데 많은 도움을 줄 것입니다. 떠나는 연인에게 모든 분노를 폭발하는 것, 이것은 실연한 사람이 그만큼 건강하다는 징표라고 할 수 있을 겁니다. 무의식적으로 사랑의 감정을 극복하기 위해서 증오의 감정에 의지하고 있으니까요. 사랑이 자신에게 기쁨을 주는 타자와 함께 하려는 정념이라면, 증오는 자신에게 슬픔을 주는 타자를 거부하는 정념이라고 할 수 있습니다. 이 점에서 "하늘에다 무슨 고함 발악질 악다구니라도 내지르고 싶었다"던 유안진 시인은 매우 건강한 여성이었다고 할 수 있지요. 그래서 시인에게는 이제 남으로 돌아서면서 무심하게 던진 연인의 이야기가 독이 아니라 약이 되었다고 할 수도 있을 것 같네요.
    시인에게 증오의 감정이 사랑의 감정을 압도할 정도로 강할 수 있을까요? 불행히도 그럴 수는 없을 겁니다. 여기서의 증오와 분노의 감정은 그만큼 시인이 떠나려는 연인을 사랑하고 있다는 증거일 테니까요. 그래서 증오의 감정은 오히려 타인의 부재로부터 유래하는 슬픔의 감정을 증폭시킬 수 있고, 결과적으로 사랑의 감정을 강화하게 될 것입니다. 이것은 실연한 사람에게 씻을 수 없는 트라우마로 남게 될 것입니다. 상처를 긁어서 덧나게 하면, 아주 강한 흉터가 남게 되는 법입니다. 결국 분노와 증오의 감정에 이르지 말고 슬픔의 감정에 머무는 것이 더 현명한 선택일 겁니다. 시간이 흐르면 보일 듯 말 듯 아름답고 작은 상처 하나만 남을 수 있을 테니까요. 많은 지혜로운 사람들은 그래서 이렇게 말했나 봅니다. 무엇이든지 시작보다는 결말에서 더 많은 지혜와 용기가 필요하다고요.

2.

실연한 사람은 자신의 슬픔을 극복해야만 합니다. 그렇지만 쉽게 극복되지 않는다고 걱정할 필요는 없습니다. 누군가는 이별의 슬픔을 마치 고행자처럼 영원히 끌어안고 가려고 작정할 수도 있습니다. 그렇지만 우리의 의식이 아닌 우리의 삶은 슬픔을 그대로 방치하지는 않습니다. 슬픔만을 가지고 살겠다고 아무리 다짐해도, 친구의 짓궂은 농담이나 유쾌한 영화가 우리에게 행복한 미소를 가져다 주는 것도 이런 이유에서입니다. 그렇다고 자신을 너무 속물이라고 자책할 필요는 없습니다. 그것은 우리의 삶이 충분히 건강하다는 징표니까요. 다행스러운 일 아닌가요? 깊이 베인 상처도 시간이 지나면 저절로 아물 듯이, 이별의 슬픔도 저절로 치유된다는 사실이요. 건강한 사람의 상처는 빨리 아무는 것처럼, 건강한 사람이 겪은 실연의 상처도 기억에서 빨리 아물 겁니다. 그래서 니체도《도덕의 계보학》에서 말했던 겁니다. "망각이 없다면, 행복도, 명랑함도, 희망도, 자부심도, 현재도 있을 수 없다. 이런 저지 장치가 파손되거나 기능이 멈춘 인간은 소화 불량 환자에 비교될 수 있다. …… 이런 망각이 필요한 동물에게 망각이란 하나의 힘, 강건한 건강의 한 형식을 나타낸다"라고 말입니다.

아무리 슬픈 이별에 직면해서 허우적거린다고 할지라도, 우리는 슬픔과 불행을 먹고 사는 존재가 아니라 기쁨과 행복을 추구하는 존재입니다. 그래서 니체는 우리의 본질을 "힘에의 의지Der Wille zur Macht"라고 불렀고, 스피노자는 "코나투스Conatus"라고 이야기했던 것이지요. 여기서는 스피노자의 이야기를 잠시 음미해 보도록 하지요.

슬픔은 인간 활동 능력을 감소시키거나 방해한다. 즉 인간이 자신의 존재에 머물고자 하는 코나투스를 감소시키거나 방해한다. 그러므로 슬픔은 이런 노력에 반대된다. 그리고 슬픔을 느끼는 모든 인간이 노력하는 것은 슬픔을 제거하는 일이다. 그러나 슬픔이 크면 클수록 그것은 인간의 활동 능력의 그만큼 큰 부분에 대립한다. 그러므로 슬픔이 더 크면 인간은 반대로 그만큼 활동 능력으로써 슬픔을 제거하려고 할 것이다.

—《에티카》

이별의 슬픔은 우리를 여러 면에서 무기력하게 만듭니다. 일단 움직이는 것도 귀찮아지고, 감수성도 현저하게 약화됩니다. 심지어는 맛있게 먹던 음식들마저 거부할 정도로 식욕이 떨어지게 됩니다. 모든 행동이 중력의 지배를 받는 것처럼 무거워지고, 하늘로 향하는 삶의 힘은 그만큼 약해지게 됩니다. 그렇지만 이것은 일순간의 일일 뿐입니다. 우리는 쾌활함, 기쁨, 행복을 지향하도록 만들어진 존재이니까요. 여기서 우리는 인간의 숙명을 직감하게 됩니다. 그것은 우리가 무엇보다도 자신의 기쁨과 행복을 지향하는 존재라는 사실입니다. 사실 떠나간 사람을 사랑했던 것도 그와의 삶이 우리에게 기쁨과 행복을 주었기 때문이지요. 그래서 다시 자신의 본질에 직면하기 시작했을 때, 우리는 기쁨과 행복을 추구하는 자신으로 돌아오게 됩니다. 그리고 방 안을 정리하고 책상에 향기로운 꽃을 놓아둡니다. 우울한 기분을 떨치고 다시 햇빛 가득한 거리로 나아가는 겁니다.

스피노자의 말대로 의식적인 노력으로 치유의 시간은 그만큼 단축될 수도 있습니다. 실연과 슬픔을 응시하고 머물기보다는 차라리 슬픔을 가져다 준 사람과 의식적으로 결별하고, 기쁨을 주는 다른 것을 찾는 것이 좋을 겁니다. 천외자 시인처럼 말이지요. 시인은 당당하게 정공법을 선택합니다. 하루라도 빨리 아물도록, 상처에 쓰디쓴 알코올을 붓는 것을 주저하지 않으니까요.

네가 버리고 간 오후를 줍는다
버림받은 것은 내가 아니다
그럴 리가 없다 손톱으로 꾹꾹 눌러
구겨진 시간을 피고 길을 만든다
너는 가고 낡은 광주리에 담겨있던
네 그림자를 내다 팔기 시작한다
네 다리를 한 짝 내어주고
길 위에 심을 사과나무 한 그루를 산다
네 남은 다리 한 짝을 마저 주고
사과나무 여린 잎의 그늘을 산다
다리 없는 너를 안고 나무 아래 누워

> 네 차가운 배를 어루만지고
> 네 눈알을 만진다 팔과 머리통도……
> 길 밖에서는 해가 진다
> 저녁도, 밤도, 이곳에는 없다
> 네 눈을 팔아서 아침을 사고
> 따스했던 네 두 손을 팔아
> 사과나무 뿌리를 적실 이슬을 사고
>
> ― 천외자, 〈너를 팔아 사과나무를 산다〉

    한때 시인은 어떤 한 사람을 통해서만 기쁨과 행복을 얻을 수 있었습니다. 그렇지만 이제 그 사람은 떠나간 것입니다. 당연히 기쁨과 행복은 순간적이나마 사라진 것이지요. 얼마 동안 그 사람의 부재는 시인을 어둠 속에 머물도록 만들었습니다. 그것은 그녀의 머릿속에서 아직도 기쁨과 행복을 주었던 그 사람이 남아 있기 때문입니다. 마침내 그녀는 머릿속에 남아 있는 그 사람을 버리기 시작합니다. 그렇기 때문에 시인은 말했던 것이지요. "버림받은 것은 내가 아니다. 그럴 리가 없다"라고요. 분명 시인의 말은 우리의 마음을 아프게 합니다. 그렇지만 잊지 말아야 할 것은 그녀의 말에는 슬픔을 넘어서 기쁨을 되찾으려는 당당한 의지도 드러나고 있다는 점입니다.

떠나간 사람의 몸을 조각조각 내어 팔면서 시인은 생기와 밝음, 그리고 희망을 삽니다. 그래서 시인은 "사과나무 한 그루", "사과나무 여린 잎의 그늘", "아침", "사과나무 뿌리를 적실 이슬"을 산다고 이야기했던 겁니다. 여기서 시인의 '사과나무'란 "내일 세상에 종말이 올지라도 나는 오늘 사과나무를 심겠다"라는 명언, 즉 종교 개혁가 루터Martin Luther가 한 말이지만 지금은 스피노자가 이야기했다고 하는 주장으로부터 영감을 받은 것으로 보입니다. 하긴 슬픔과 기쁨으로 점철되는 사랑을 노래하는 시인이 어떻게 스피노자의 정신을 우회할 수 있었겠습니까?

3.

천외자 시인은 알고 있었을까요? 자신이 구입한 "사과나무 한 그루"나 "사과나무 여린 잎의 그늘"에는 사랑했던 사람의 "다리"의 흔적이, "아침"에는 그 사람의 맑은 "눈"의 흔적이, 그리고 "사과나무 뿌리를 적실 이슬"에는 그 사람의 따스했던 "두 손"의 흔적이 고스란히 남아있을 수밖에 없다는 사실을요. 메를로 퐁티의 말처럼 기쁨의 흔적, 혹은 그것을 가능하게 했던 떠나간 사람의 흔적들은 마치 주름처럼 시인의 모든 것에 각인되어 있다고 할 수 있습니다. 육체적 상처가 흉터를 남기는 것처럼 사랑의 상처도 지울 수 없는 흉터를 남기는 법이지요. 결국 처절하고 의식적인 노력에 의해서든, 아니면 자연적인 치유의 과정을 통해서든 실연의 슬픔을 이겼다고 할지라도, 과거의 사랑은 어쩔 수 없이 우리 실존에 씻을 수 없는 흔적을 남기는 법이다. 그렇습니다. 우리는 이제 지울 수 없는 사랑의 상처를 흉터로 가지고 있는 사람입니다. 앞으로 만약 다른 사람을 새롭게 사랑한다고 할지라도, 우리는 흉터를 가진 채 사랑을 할 수밖에 없습니다. 그래서 들뢰즈Gilles Deleuze도 말했던가요?

> 우리는 결코 (무로부터 출발한다는 의미에서) 시작하지 않는다. 우리는 결코 백지Tabular Rasa를 가지고 있지 않다. 우리는 중간 Milieu으로 미끄러져서 들어간다. 우리는 리듬들을 취하거나 아니면 리듬들을 부여하기도 한다.
>
> ―《스피노자의 철학》

모든 사랑이 첫사랑의 반복, 하지만 차이를 지닌 반복인 것도 다 이유가 있었던 셈입니다. 첫사랑은 미래의 어느 순간 우리에게 닥칠 모든 사랑에 대한 지울 수 없는 원초적 기억, 혹은 트라우마로 작동하니까 말이지요. '그 사람처럼 따뜻하네', '그 사람보다 친절하네' 등등 앞으로 만날 모든 타자에 대한 정서는 처음으로 나에게 사랑의 기쁨을 가르쳐 주었던 첫사랑이 긍정적이든 부정적이든 영향을 미치는 법입니다. 물론 그렇다고 해서 첫사랑과 완전히 유사한 사람을 사랑하거나 완전히 정반대의 사람과 사랑에 빠지지는 않을 겁니다. 완전히 유사하다면, 우리는 비극을 예감할 것입니다. 그리고 완전히 정반대의 사람은 우리에게 기쁨을 주기는 힘들 겁니다. 그 중간 정도쯤의 사람, 다시 말해 비극을 피할 수 있는 희망을 안겨 주지만 첫사랑 때의 기쁨을 지속적으로 영위할 수 있을 것만 같은 사람에게 우리는 사랑의 감정을 조심스럽게 싹틔우게 될 겁니다.

첫사랑에서 얻은 리듬을 새로운 사람에게 부가하고 새로 만난 사람의 리듬을 받으면서, 우리의 사랑은 새롭게 시작되는 겁니다. 바로 이 대목에서 우리는 첫사랑의 상처가 비로소 아물고 있다는 것을 직감하게 됩니다. 사랑의 상처는 사랑에 의해서만 치유될 수 있으니까요. 그렇지만 첫사랑에 실패한 우리는 실패의 불길한 예감을 가지고 사랑을 할 수밖에 없을 겁니다. 그러니까 새로 시작한 우리의 사랑은 격정적이기보다는 항상 조심스러운 색깔을 띠게 되지요.

눈독들일 때, 가장 아름답다
하마

손을 타면

단숨에 굴러 떨어지고 마는

토란잎 위

물방울 하나

— 이인원, 〈사랑은,〉

    이인원의 시에는 첫사랑에 실패한 사람의 사랑이 어떤 모습으로 진행되는지가 가장 극적으로 표현되어 있습니다. 상대방을 사랑한다고 해도 너무 깊이 상대방의 삶에 개입하지 않으려고 합니다. 첫사랑의 비극을 상기하는 것이지요. 그것은 분명 상대방에게 자유를 주기보다는 소유하려고 했다는 깨달음과 관련되어 있을 겁니다. 그러니 시인은 "손을 타면 단숨에 굴러 떨어지고 마는" 물방울과 같은 것이 사랑이라는 것을 알고 있는 겁니다. 여기서 '손을 탄다'라는 것은 바로 소유욕을 상징하는 것일 겁니다. 그렇지만 첫사랑의 비극을 통해 시인은 사랑에 대해 훨씬 더 성숙해졌습니다. 그래서 상대방에게 너무 강한 기쁨을 느낄 때, 새로운 사랑을 시작한 사람은 사랑을 손으로 잡지 않기 위해 노력하는 겁니다. 상대방을 소유하려는 순간, 자신에게서 사랑의 감정은 시들어지고 상대방도 자신의 곁을 떠난다는 사실을 알기 때문이지요.

    그렇지만 식욕을 억누르는 것과 같이 소유욕을 억누르려

고 하면 할수록 상대방에 대한 사랑은 강해지기만 할 겁니다. 이제 시인은 진정한 사랑을 시작할 준비를 갖춘 셈입니다. 상대방에 대한 소유욕이 강할수록 그는 그에게 자유를 주려고 할 정도로 성숙한 겁니다. 그래서 새로운 사랑은 첫사랑보다 은근하지만 더 강렬한 열정으로 타오르게 되는 법입니다. 물론 표면적으로 첫사랑 이후의 사랑은 '눈독 들이는 사랑'이라고 이야기할 만큼 소극적인 양상을 띠게 됩니다. 그렇지만 그 내면의 열정은 첫사랑이 감히 범접하기 힘들 정도로 강렬한 것이지요. "손을 타면 단숨에 굴러 떨어지고 마는 토란잎 위 물방울"이란 표현만큼 새롭게 시작된 사랑을 멋지게 묘사하는 것도 없을 것 같습니다. 첫사랑의 거친 열정과는 비교할 수 없는 강도, 혹은 정중지동靜中之動의 긴장감이 맴돌고 있습니다. 이것은 상대방의 미묘한 변화에도 섬세하게 반응하는 감수성을 상징하는 상태라고 할 수 있을 겁니다. 물론 이 상태는 상대방이 자신을 언제든지 떠날 수도 있는 자유를 직감하기 때문에 가능한 것이지요.

그렇습니다. '눈독 들이는 사랑'은 무한한 인내와 기다림의 사랑을 의미합니다. 이제 우리는 이성복 시인이 했던 말을 이해할 준비를 모두 갖춘 셈입니다.

'사이'라는 것. 나를 버리고 '사이'가 되는 것. 너 또한 '사이'

가 된다면 나를 만나리라.

　　　　　　―《네 고통은 나뭇잎 하나 푸르게 하지 못한다》

　사랑 앞에서 머리에서 발끝까지 자신을 바꾸려고 하지만, 우리는 단지 그것에만 충실할 뿐입니다. 그것이 우리가 할 수 있는 최선의 일이니까요. 우리는 "나를 버리고 '사이'가 되어야" 합니다. '사이'는 물론 들뢰즈의 개념으로 표현하자면 '차이'이겠고, 바디우의 표현을 빌리자면 '둘'로도 표현될 수 있을 것 같습니다. 그렇지만 동시에 이제 우리는 압니다. 누군가를 사랑할 수는 있지만, 그 사람이 나를 사랑하도록 강제할 수는 없다는 것, 나아가 그 사람이 나를 떠나는 것도 막을 수 없는 것을. 그래서 하염없이 우리는 기다리는 겁니다. 상대방도 그렇게 자신을 바꿀 수 있을 때까지요. 물론 내가 내민 손을 상대방이 잡아 주었을 때, 우리에게는 기쁨과 행복이 찾아오게 될 것입니다. 그렇지만 우리는 알고 있지요. 그는 언제든지 잡았던 손을 뺄 수 있다는 사실을요.